초등 문해력

술술 써지는
글쓰기 자신감

글 이윤진 ★ 그림 안상정

계림북스
kyelimbooks

글쓰기를 시작하는 어린이들에게

"으악, 너무 어려워!", "지루해!", "머리 아파!", "하기 싫어!"
일기, 독후감과 같은 글쓰기 숙제가 있는 날이면
초등학생 아들의 입에서 터져 나오는 말들이었어요.
공책을 펼쳐 연필을 잡았지만, 쓰려고 하니 어떻게 써야 할지 막막했으니까요.
아직 내 생각과 느낌, 감정을 어떤 낱말로 어떻게 표현해야 할지를 모르는
초등학생한테는 정말 복잡하고 어렵고,
하기 싫은 지겨운 일일 수밖에 없을 거예요.

하지만 글쓰기는 절대 어려운 게 아니에요.
지금은 단지 연습이 부족하기 때문에 그렇게 느끼는 것이지요.

글쓰기는 볶음밥을 만드는 과정과 비슷해요.
볶음밥을 만들려면 여러 채소나 고기, 소시지와 같은 재료가 필요해요.
그리고 재료를 씻고 다듬어, 알맞은 크기로 잘라 볶아요.
그런 뒤에 밥과 함께 볶아서 완성하지요.

글쓰기도 마찬가지로 재료가 필요해요.
그 재료는 바로 낱말이지요. 재료가 다양하면 맛있듯이,
문장에서도 다양한 낱말이 나오면 더 감칠맛 나는 문장이 만들어져요.
그 문장들이 모여 내 생각을 오롯이 전달할 수 있는 문단이 되지요.

《초등 문해력 술술 써지는 글쓰기 자신감》은
마법 같은 글쓰기 레시피를 담은 책이에요.
일곱 가지 형식의 재미있는 글쓰기 연습을 차근차근 하다 보면
어느새 내 생각과 마음을 담을 수 있는 낱말이 퐁퐁 튀어나와,
자연스럽게 술술 글로 표현할 수 있게 될 거예요.

- 작가 이윤진

이 책은 무엇이 특별할까요?

스스로 글쓰기를 하고 싶게 만들어요!

이 책에는 나, 계절, 감정 등 친숙한 세 가지 주제의 글쓰기가 들어 있어요.
그리고 지루하지 않도록 요리조리 이야기 바꾸기, 반짝반짝 네 컷 만화,
그림 보고 이야기 만들기, 엉뚱 발랄 3행시, 끝말 잇고 글쓰기,
일기 쓰기, 인물 사건 배경 지정 글쓰기 등
일곱 가지 재밌는 형태의 글쓰기로 구성했어요.
아무리 글쓰기를 어려워하는 어린이라도 스스로 글을 쓰고 싶게 만들지요.

막힘없이 술술 글쓰기를 할 수 있어요!

텅 빈 종이에 주제만 주고 글을 쓰라고 하면
대부분의 어린이들은 막막할 거예요.
이 책은 주어진 글 안에서 자유롭게 상상한 다음 빈 곳을 채우는 활동이 많아요.
또한 다양한 예시와 1,000개가 넘는 낱말들을 함께 보여 줘서
작가처럼 막힘없이 술술 글을 쓸 수 있지요.

문해력이 자라나요!

문해력은 글을 읽고 그 뜻을 이해하는 힘이에요.
문해력은 모든 교과목 학습의 중요한 기초가 되어요.
모든 공부는 읽기에서 시작되기 때문이에요.
이 책을 통해 글을 읽고, 맥락을 이해하여 내 상상력을 더하는 과정에서
글쓰기 실력은 물론 문해력까지 쑥쑥 자라나요.

이 책의 글쓰기 방법

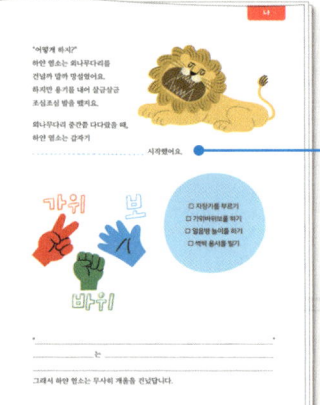

요리조리 이야기 바꾸기
보기에서 고르거나 자유롭게 빈 곳을 채워 익숙한 이야기를 나만의 이야기로 바꿔요.

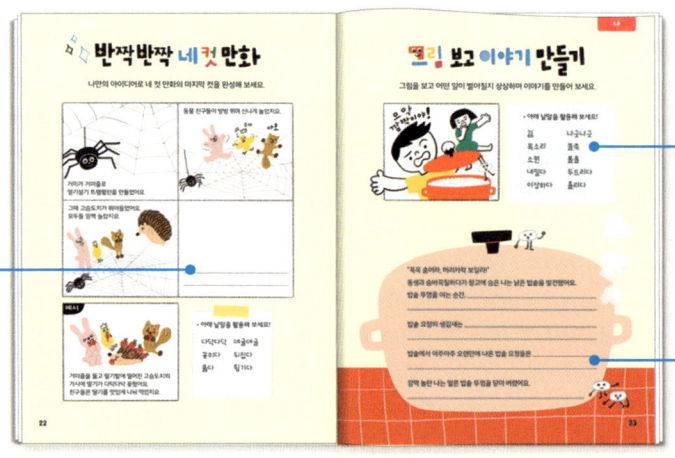

반짝반짝 네 컷 만화
네 컷 만화의 마지막 컷을 그리고, 이야기를 완성해요.

예시 낱말을 참고하면 글쓰기 아이디어가 쉽게 떠올라요!

그림 보고 이야기 만들기
그림에서 벌어진 상황에 맞게 빈 곳을 채워 이야기를 꾸며요.

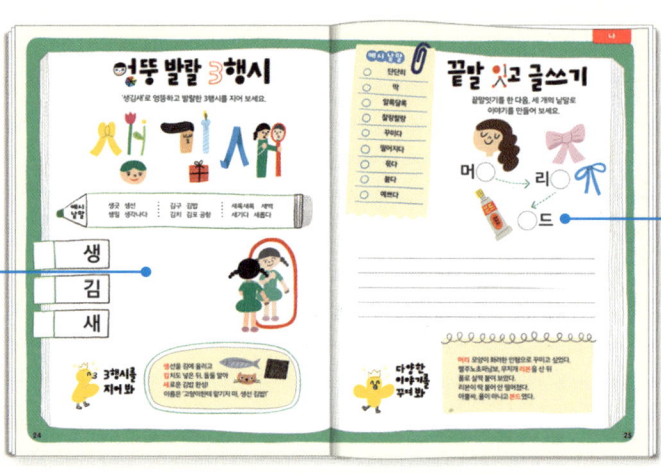

엉뚱 발랄 3행시
주어진 낱말로 자유롭게 3행시를 지어요.

끝말 잇고 글쓰기
주어진 끝말잇기 속 낱말이 들어가도록 자유롭게 이야기를 만들어요.

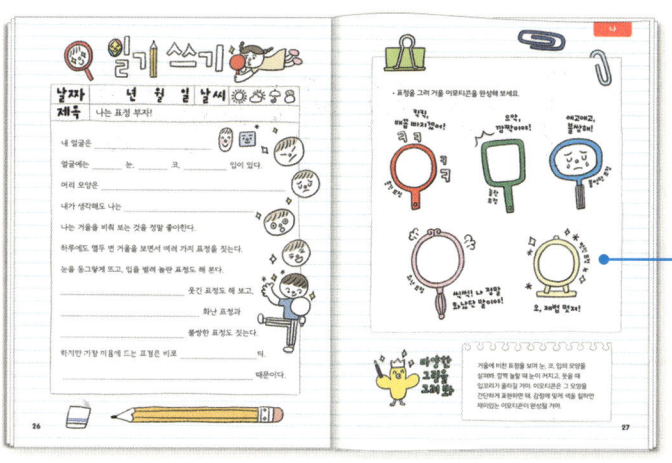

일기 쓰기
주어진 주제로 자유롭게 빈 곳을 채워요. 관련된 그림을 그리며 이야기를 구체화할 수 있어요.

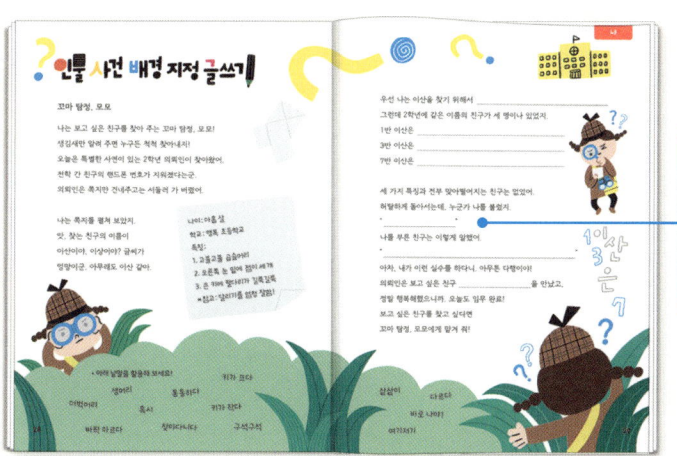

인물 사건 배경 지정 글쓰기
인물, 사건, 배경이 정해진 글에 자유롭게 빈 곳을 채워요.

초등 국어 교과서 연계

국어 1-1 7. 생각을 나타내요
국어 1-1 9. 그림일기를 써요
국어 1-2 3. 문장으로 표현해요
국어 1-2 9. 겪은 일을 글로 써요
국어 1-2 10. 인물의 말과 행동을 상상해요
국어 2-1 8. 마음을 짐작해요
국어 2-1 9. 생각을 생생하게 나타내요
국어 2-1 11. 상상의 날개를 펴요
국어 2-2 2. 인상 깊었던 일을 써요

국어 2-2 4. 인물의 마음을 짐작해요
국어 2-2 11. 실감 나게 표현해요
국어 3-1 2. 문단의 짜임
국어 3-1 10. 문학의 향기
국어 3-2 3. 자신의 경험을 글로 써요
국어 3-2 4. 감동을 나타내요
국어 3-2 6. 마음을 담아 글을 써요
국어 3-2 8. 글의 흐름을 생각해요
국어 3-2 9. 작품 속 인물이 되어

글쓰기 단어장

이 책에 나오거나, 글쓰기에 좋은 낱말들을 미리 만나 보세요.

마음을 나타내는 낱말

겁에 질리다 잔뜩 겁을 먹어서 힘을 못 쓰다.
괘씸하다 남에게 예절이나 믿음에 어긋난 짓을 당해 분하고 밉다.
그윽하다 깊숙하여 아늑하고 고요하다.
뉘우치다 스스로 자기 잘못을 깨닫고 마음속으로 느끼다.
만족하다 마음에 모자람이 없을 정도로 넉넉하다.
머쓱하다 무안을 당하거나 흥이 꺾여 어색하고 부끄럽다.
먹먹하다 체한 것같이 가슴이 답답하다.
못마땅하다 마음에 들지 않다.
반갑다 그리워하던 사람을 만나거나 원하는 일이 이루어져 마음이 기쁘다.
벅차다 감격, 기쁨, 희망이 넘칠 듯이 가득하다.
부끄럼 수줍어하는 느낌이나 마음.
불만스럽다 보기에 마음에 차지 않아 좋지 않다.
붉으락푸르락하다 몹시 화가 나거나 흥분해 얼굴빛이 붉게 또는 푸르게 변하다.
비참하다 더할 수 없이 슬프고 끔찍하다.
뿌듯하다 기쁨이나 감격이 마음에 가득 차서 벅차다.
샘나다 남의 처지나 물건을 탐내는 마음이 생기다.
서글프다 쓸쓸하고 외로워 슬프다.
서먹하다 낯설거나 친하지 않아 어색하다.
설레다 마음이 가라앉지 않고 들떠서 두근거리다.
섬뜩하다 갑자기 소름이 끼치도록 무섭고 끔찍하다.

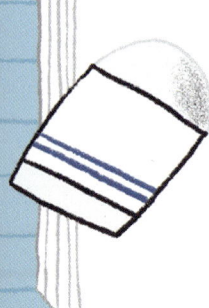

심심하다 하는 일이 없어 지루하고 재미가 없다.
쑥스럽다 하는 짓이 자연스럽지 못하여 우습고 싱거운 데가 있다.
아늑하다 포근하게 감싸 안기듯 편안하고 조용한 느낌이 있다.
안심되다 모든 걱정이 떨쳐지고 마음이 편해지다.
안절부절못하다 마음이 초조하고 불안해 어떻게 할 줄을 모르다.
안타깝다 뜻대로 되지 않거나 보기에 딱해 가슴 아프고 답답하다.
애틋하다 섭섭하고 안타까워 마음속이 끓는 듯하다.
야속하다 쌀쌀맞은 행동이나 그런 행동을 한 사람이 섭섭하게 생각되다.
어리둥절하다 무슨 상황인지 잘 몰라서 얼떨떨하다.
어안이 벙벙하다 뜻밖에 놀랍거나 기막힌 일을 당해 어리둥절하다.
억울하다 아무 잘못 없이 꾸중을 듣거나 벌을 받아서 분하고 답답하다.
얼떨떨하다 뜻밖의 일로 당황하거나 여러 가지 일이 복잡해 정신을 가다듬지 못하다.
울적하다 마음이 답답하고 쓸쓸하다.
조마조마하다 닥쳐올 일에 대해 걱정이 되어 마음이 불안하다.
철렁하다 뜻밖의 일에 놀라서 걱정되거나 마음이 무거워지다.
피곤하다 몸이나 마음이 지쳐 몹시 힘들다.
허전하다 무엇을 잃거나 의지할 곳이 없어진 것같이 서운하다.
헷갈리다 여러 가지가 뒤섞여 갈피를 잡지 못하다.
홀가분하다 귀찮은 일이 없고 가볍고 편안하다.
후회하다 이전의 잘못을 깨닫고 뉘우치다.
훈훈하다 마음을 부드럽게 녹여 주는 따스함이 있다.
흐뭇하다 마음에 흡족하고 매우 만족스럽다.
흥미진진하다 넘쳐흐를 정도로 흥미가 매우 많다.

성격을 나타내는 낱말

거만하다 잘난 체하며 남을 낮추어 보는 데가 있다.
거칠다 행동이나 성격이 사납고 공격적인 면이 있다.
겸손하다 남을 존중하고 자기를 내세우지 않는 태도가 있다.
고집불통 상황에 따라 처리하지 못하고 자기 생각만 내세우는 일이나 그런 사람.
기발하다 유달리 솜씨, 말씨 등이 뛰어나다.
꼼꼼하다 빈틈이 없이 차분하고 조심스럽다.
내향적 겉으로 드러내지 않고 마음속으로 생각하며 여러 사람과 쉽게 사귀지 못하는 것.
다정하다 사랑이나 친근감을 느끼는 마음이 많다.
도도하다 잘난 체하여 말과 행동이 건방지고 거만하다.
살갑다 마음씨가 부드럽고 상냥하다.
소심하다 대담하지 못하고 조심성이 지나치게 많다.
슬기롭다 일을 바르게 판단하고 잘 처리하는 재능이 있다.
신중하다 매우 조심스럽다.
심술궂다 남을 성가시게 하는 것이나 남이 잘못되는 것을 좋아하다.
얌전하다 성품이나 태도가 침착하고 단정하다.
어리석다 일을 바르게 판단하지 못하고 둔하다.
우유부단하다 어물어물 망설이기만 하고 결정을 못 내리다.
인색하다 어떤 일을 하는 것에 마음이나 태도가 너그럽지 못하고 쌀쌀하다.
조심스럽다 잘못이나 실수가 없도록 말이나 행동에 마음을 쓰는 태도가 있다.
짓궂다 장난스럽게 남을 괴롭고 귀찮게 하다.

행동과 상태를 나타내는 낱말

가쁘다 숨이 몹시 차다.

간간하다 입맛 당기게 약간 짠 듯하다.

간결하다 간단하고 깔끔하다.

감쪽같다 꾸미거나 고친 것이 전혀 알아챌 수 없을 정도로 티가 나지 않다.

갸웃거리다 고개나 몸을 이쪽저쪽으로 자꾸 조금씩 비뚤어지게 하다.

거절하다 상대편의 요구, 제안, 선물, 부탁 등을 받아들이지 않다.

견주다 둘 이상의 사물을 어떤 차이가 있는지 알기 위해 서로 대어 보다.

고릿하다 썩은 풀이나 썩은 달걀 등에서 나는 냄새가 나는 듯하다.

고치다 고장이 나거나 못 쓰게 된 물건을 손질해 제대로 되게 하다.

골탕 먹이다 한꺼번에 크게 손해를 입히거나 실패로 돌아가게 만들다.

관련되다 둘 이상의 사람, 사물, 현상 등이 서로 얽혀서 가까운 관계에 있다.

구르다 어떤 장소에 누워서 뒹굴다.

귓속말하다 남의 귀 가까이에 입을 대고 소곤거리다.

근사하다 그럴듯하게 괜찮다.

깜깜하다 아주 까맣게 어둡다.

단란하다 여럿이 함께 즐겁고 정답다.

도와주다 남을 위해 애써 주다.

돋다 속에 생긴 것이 겉으로 나오거나 나타나다.
마치다 어떤 일이나 과정, 절차가 끝나다.
만질만질하다 만지거나 주무르기 좋게 연하고 보드랍다.
맞대다 서로 가깝게 마주 대하다.
맞장구치다 남의 말에 서로 대답하거나 의견을 같이하다.
맞히다 물체를 쏘거나 던져서 어떤 물체에 닿게 하다.
매섭다 정도가 매우 심하다.
머뭇거리다 말이나 행동을 선뜻 결정하지 못하고 자꾸 망설이다.
무리하다 어떤 일을 해 나갈 방법에 맞지 않거나 정도에서 많이 벗어나다.
무시무시하다 몹시 무섭다.
바쁘다 일이 많거나 서둘러서 해야 할 일이 있어 시간적인 틈이 없다.
버리다 가지거나 지니고 있을 필요가 없는 물건을 내던지거나 쏟다.
번갈다 일정한 시간 동안 한 사람씩 차례를 바꾸다.
변명하다 어떤 잘못이나 실수에 대해 핑계를 대며 그 까닭을 말하다.
부탁하다 어떤 일을 해 달라고 맡기다.
북적거리다 많은 사람이 한곳에 모여 매우 시끄럽다.
분류하다 종류에 따라서 쪼개거나 나누어 따로따로 되게 하다.
비교하다 둘 이상의 사물의 공통점, 차이점 등을 생각하다.
사과하다 자기의 잘못을 인정하고 용서를 빌다.
살피다 두루두루 주의하여 자세히 보다.

생각하다 사물을 헤아리고 판단하다.

설명하다 어떤 일이나 대상의 내용을 상대편이 잘 알 수 있도록 밝혀 말하다.

소곤거리다 남이 알아듣지 못하도록 작은 목소리로 자꾸 가만가만 이야기하다.

소소하다 작고 중요하게 여길 만하지 않다.

시키다 어떤 일이나 행동을 하게 하다.

식히다 더운 기를 없애다.

심부름 남이 시키는 일을 해 주는 일.

쏜살같다 쏜 화살과 같이 매우 빠르다.

엇갈리다 마주 오는 사람이나 차 등이 어떤 한 곳에서 순간적으로 만나 서로 지나치다.

움츠리다 몸이나 몸의 일부를 몹시 오그려 작아지게 하다.

으쓱하다 어깨가 들먹이며 뽐내다.

이해하다 깨달아 알거나 남의 사정을 잘 헤아려 너그럽게 받아들이다.

잃어버리다 가졌던 물건이 자신도 모르게 없어져 그것을 아주 갖지 않게 되다.

잇다 두 끝을 맞대어 붙이다.

잊어버리다 한번 알았던 것을 모두 기억하지 못하거나 전혀 기억해 내지 못하다.

잽싸다 동작이 매우 혹은 나는 듯이 빠르다.

정확하다 바르고 확실하다.

조사하다 대상의 같고 다름을 자세히 살펴보거나 찾아보다.

주장하다 자기의 의견이나 뜻을 굳게 내세우다.

줄짓다 어떤 일이 끊이지 않고 잇따라 계속되다.
지르다 목청을 높여 소리를 크게 내다.
짐작하다 사정이나 형편 등을 어림잡아 헤아리다.
집중하다 한 가지 일에 모든 힘을 쏟아붓다.
탐구하다 필요한 것을 조사해 찾아내거나 얻어 내다.
탐스럽다 가지거나 차지하고 싶은 마음이 들 정도로 보기 좋고 끌리는 데가 있다.
푹신푹신하다 매우 푸근하게 부드럽고 탄력이 있다.
풀다 묶이거나 감기거나 합쳐진 것을 그렇지 않은 상태로 되게 하다.
풀이하다 모르거나 어려운 것을 알기 쉽게 밝혀 말하다.
한가하다 생각을 다른 데로 돌릴 수 있는 시간적인 여유가 있다.
해결하다 생긴 문제를 풀거나 얽힌 일을 잘 처리하다.
해내다 맡은 일이나 닥친 일을 쉽게 처리하다.
희미하다 분명하지 못하고 어렴풋하다.

모습을 나타내는 낱말

더벅머리 좀좀하게 많이 난 머리털.
오동통하다 몸집이 작고 통통하다.
우락부락하다 몸집이 크고 얼굴이 험상궂게 생긴 데가 있다.
호리호리하다 몸이 가늘고 날씬하다.
훤칠하다 길고 미끈하다.

소리나 모양을 나타내는 낱말

그렁그렁 눈에 눈물이 넘칠 듯이 그득 고인 모양.
까르르 한꺼번에 자지러지게 웃는 소리나 모양.
꺼이꺼이 목이 멜 만큼 요란하게 우는 소리나 모양.
나긋나긋 사람을 대하는 태도가 매우 상냥하고 부드러운 모양.
너덜너덜 여러 가닥이 자꾸 어지럽게 늘어져 흔들리는 모양.
닥지닥지 작은 것들이 빽빽이 있는 모양.
달그락달그락 작고 단단한 물건이 잇따라 부딪쳐 맞닿는 소리.
덜컥 갑자기 놀라거나 겁에 질려 가슴이 내려앉는 모양.
딸랑딸랑 작은 방울, 매달린 물체 등이 자꾸 흔들릴 때 나는 소리나 모양.
반짝반짝 작은 빛이 잠깐 잇따라 나타났다가 사라지는 모양.
부들부들 몸을 자꾸 크게 부르르 떠는 모양.
부쩍 어떤 사물, 상태, 양 등이 갑자기 늘거나 주는 모양.
산들산들 약간 찬 바람이 가볍고 보드랍게 자꾸 부는 모양.
선뜻 동작이 빠르고 시원스러운 모양.
성큼성큼 다리를 잇따라 높이 들어 크게 떼어 놓는 모양.
송골송골 땀, 물방울 등이 살이나 겉으로 많이 돋아나 있는 모양.
숭숭 조금 큰 구멍이나 자국이 많이 나 있는 모양.
아장아장 키가 작은 사람이나 짐승이 이리저리 찬찬히 걷는 모양.
알록달록 여러 밝은 빛깔의 점 등이 고르지 않게 무늬를 이룬 모양.
오독오독 작고 단단한 물건을 잇따라 깨무는 소리나 모양.
오밀조밀 솜씨나 재주가 매우 정교하고 세밀한 모양.
오순도순 정답게 이야기하거나 사이좋게 지내는 모양.
와삭와삭 과일이나 과자 등을 자꾸 베어 무는 소리.
왈캉달캉 작고 단단한 물건들이 자꾸 부딪치는 소리나 모양.

우적우적 단단하고 질긴 것을 마구 씹을 때 나는 소리나 모양.
우지끈 크고 단단한 물건이 부러지거나 부서지는 소리나 모양.
이글이글 불이 발갛게 피어 잇따라 불꽃이 어른어른 피어오르는 모양.
졸졸 가는 물줄기가 잇따라 부드럽게 흐르는 소리나 모양.
찐득찐득 눅눅하고 끈끈해서 자꾸 끈적끈적하게 달라붙는 모양.
찰랑찰랑 가득 찬 물이 잔물결을 이루며 넘칠 듯 흔들리는 소리나 모양.
추적추적 비나 진눈깨비가 자꾸 축축하게 내리는 모양.
카랑카랑 목소리가 쇳소리처럼 매우 맑고 높은 모양.
타닥타닥 콩깍지나 장작 등이 타면서 가볍게 튀는 소리나 모양.
터벅터벅 느릿느릿 힘없는 걸음으로 걸어가는 모양.
파닥파닥 작은 새나 물고기가 빠르게 잇따라 날개나 꼬리를 치는 소리나 모양.
파릇파릇 군데군데 조금 파란 모양.
홀딱 남김없이 벗는, 먹어 치우는, 젖는 등의 모양.

뜻을 분명하게 하는 낱말

거뜬히 다루기에 가볍고 간편하거나 손쉽게.
골똘히 한 가지 일에 온 정신을 쏟아 딴생각이 없이.
대충 자세하지 않게 기본적인 것만 추리는 정도로.
마구 몹시 세차거나 아주 심하게.
반드시 틀림없이 꼭.
반듯이 물체, 생각, 행동 등이 비뚤어지거나 굽지 않고 바르게.
부리나케 서둘러서 아주 급하게.

빤히 어떤 일의 결과나 상태 등이 환하게 들여다보이듯이 분명하게.

일부러 어떤 목적이나 생각을 가지거나 알면서도 마음을 숨기고.

천천히 동작이나 태도가 급하지 않고 느리게.

함부로 조심하거나 깊이 생각하지 않고 마음 내키는 대로 마구.

날짜, 시간, 장소에 대한 낱말

길목 길의 중요한 통로가 되는 어귀.

끝 시간, 공간, 사물 등에서 마지막 한계가 되는 곳.

단숨에 쉬지 않고 곧장.

반나절 한나절의 반.

반환점 마라톤 경기 등에서, 선수들이 돌아오는 점을 표시한 곳.

방향 어떤 위치를 향하거나 일정한 목표를 향해 나아가는 쪽.

별안간 갑작스럽고 아주 짧은 동안.

보름 15일 동안.

어귀 드나드는 곳의 첫머리.

오랜만 어떤 일이 있은 때로부터 긴 시간이 지난 뒤.

한나절 하루의 낮 전체.

한순간 매우 짧은 동안.

한창 어떤 일이 가장 활기 있고 왕성하게 일어나는 때.

낱말 지도

'나'를 표현하는 여러 가지 낱말을 살펴보고, 질문에 맞는 낱말에 ○ 해 보세요.

나의 생김새는 어떤가요?

날씬하다
뚱뚱하다
마르다
오동통하다
포동포동하다
호리호리하다

곱다
예쁘장하다
잘생기다

귀엽다
우락부락하다
훤칠하다

곱슬머리
까까머리
단발머리
생머리
파마머리

나의 성격은 어떤가요?

당당하다
덜렁대다
명랑하다
적극적이다
쾌활하다
활동적이다

너그럽다
다정하다
살갑다
상냥하다
온순하다
친절하다

섬세하다
신중하다
우유부단하다
조심스럽다
침착하다

내향적이다
수줍다
쑥스럽다
여리다
조용하다

거칠다
도도하다
뻔뻔하다
심술궂다
인색하다

나는 지금 어떤 감각을 느끼고 있나요?

| 눈부시다 | 또렷하다 | 반짝이다 |
| 어둡다 | 환하다 | 희미하다 |

나는 지금 어떤 감각을 느끼고 있나요?

고요하다	두런두런하다	소곤소곤하다
시끄럽다	왁자지껄하다	요란하다
재잘대다	조용하다	쿵쿵거리다

나는 어떤 냄새를 좋아하나요?

| 과일 향 | 꽃향기 | 나무 향 |
| 빵 냄새 | 살냄새 | 솜사탕 냄새 |

나는 어떤 맛을 좋아하나요?

간간하다	고소하다	느끼하다
달콤하다	맵다	시다
싱겁다	쓰다	짜다

나는 어떤 촉감을 좋아하나요?

간지럽다	까칠까칠하다	끈적하다
단단하다	따갑다	뜨겁다
뜨끈하다	물렁물렁하다	미끌미끌하다
부드럽다	차갑다	촉촉하다

나의 가족은 어떤 모습인가요?

대가족
핵가족
확대 가족

도란도란
오순도순

닮다
비슷하다

단란하다
화목하다

요리조리 이야기 바꾸기

《두 마리 염소》는 외나무다리에서 만난 하얀 염소와 검은 염소가
서로 양보하지 않아서 두 마리 다 물에 풍덩 빠지는 이야기예요.
하얀 염소가 개울을 건널 수 있게 보기에서 골라 이야기를 바꿔 보세요.

□ 뾰족한 이빨을 가진 사자
□ 커다란 뿔이 달린 염소
□ 몸집이 크고 코가 긴 코끼리

깊은 개울 위에 외나무다리가 놓여 있었어요.
하얀 염소가 외나무다리를 건너려고 하는데
깜짝 놀라 걸음을 멈췄어요.
"으악!"
맞은편에 ＿＿＿＿＿＿＿＿＿＿＿＿＿＿＿가 보였기 때문이지요.

하얀 염소는 쿵쿵 심장이 마구 뛰었어요.
＿＿＿＿＿＿＿＿＿가 정말 무서웠거든요.
왜냐하면, ＿＿＿＿＿＿＿＿＿＿＿＿＿＿
＿＿＿＿＿＿＿＿＿＿＿＿ 때문이지요.

□ 사자가 커다란 입을 쩍
　 벌리고 있었기
□ 몹시 화가 난 염소가
　 무서운 눈으로 노려봤기
□ 코끼리가 걸을 때마다
　 지진이 나는 것 같았기

"어떻게 하지?"
하얀 염소는 외나무다리를 건널까 말까 망설였어요.
하지만 용기를 내어 살금살금 조심조심 발을 뗐지요.

외나무다리 중간쯤 다다랐을 때, 하얀 염소는 갑자기 _____ 시작했어요.

☐ 자장가를 부르기
☐ 가위바위보를 하기
☐ 얼음땡 놀이를 하기
☐ 싹싹 용서를 빌기

"_____"
_____는 _____
_____

그래서 하얀 염소는 무사히 개울을 건넜답니다.

반짝반짝 네 컷 만화

나만의 아이디어로 네 컷 만화의 마지막 컷을 완성해 보세요.

거미가 거미줄로
얼기설기 트램펄린을 만들었어요.

동물 친구들이 방방 뛰며 신나게 놀았지요.

그때 고슴도치가 뛰어들었어요.
모두들 깜짝 놀랐지요.

예시

거미줄을 뚫고 딸기밭에 떨어진 고슴도치의
가시에 딸기가 다닥다닥 꽂혔어요.
친구들은 딸기를 맛있게 나눠 먹었지요.

- 아래 낱말을 활용해 보세요!

  다닥다닥   데굴데굴
  꽂히다   뒤집다
  뚫다   튕기다

그림 보고 이야기 만들기

그림을 보고 어떤 일이 벌어질지 상상하며 이야기를 만들어 보세요.

• 아래 낱말을 활용해 보세요!

김	나긋나긋
목소리	불쑥
소원	폴폴
내밀다	두드리다
이상하다	졸리다

"꼭꼭 숨어라, 머리카락 보일라!"
동생과 숨바꼭질하다가 창고에 숨은 나는 낡은 밥솥을 발견했어요.
밥솥 뚜껑을 여는 순간, _____
_____

밥솥 요정의 생김새는 _____
_____

밥솥에서 아주아주 오랜만에 나온 밥솥 요정들은 _____
_____

깜짝 놀란 나는 얼른 밥솥 뚜껑을 닫아 버렸어요.
_____

23

엉뚱 발랄 3행시

'생김새'로 엉뚱하고 발랄한 3행시를 지어 보세요.

| 예시 낱말 | 생긋 생선
생일 생각나다 | 김구 김밥
김치 김포 공항 | 새록새록 새벽
새기다 새롭다 |

생

김

새

 3행시를 지어 봐

생선을 김에 올리고
김치도 넣은 뒤, 둘둘 말아
새로운 김밥 완성!
이름은 '고양이한테 맡기지 마, 생선 김밥!'

예시 낱말
- 단단히
- 딱
- 알록달록
- 찰랑찰랑
- 꾸미다
- 떨어지다
- 묶다
- 붙다
- 예쁘다

끝말 잇고 글쓰기

끝말잇기를 한 다음, 세 개의 낱말로 이야기를 만들어 보세요.

머○ → 리○ → ○드

다양한 이야기를 꾸며 봐

머리 모양이 화려한 인형으로 꾸미고 싶었다.
빨주노초파남보, 무지개 **리본**을 산 뒤
풀로 살짝 붙여 보았다.
리본이 딱 붙어 안 떨어졌다.
아뿔싸, 풀이 아니고 **본드**였다.

날짜	년 월 일 날씨 ☀️ ⛅ ☔ ⛄
제목	나는 표정 부자!

내 얼굴은 _____

얼굴에는 _____ 눈, _____ 코, _____ 입이 있다.

머리 모양은 _____

내가 생각해도 나는 _____

나는 거울을 비춰 보는 것을 정말 좋아한다.

하루에도 열두 번 거울을 보면서 여러 가지 표정을 짓는다.

눈을 동그랗게 뜨고, 입을 벌려 놀란 표정도 해 본다.

_____ 웃긴 표정도 해 보고,

_____ 화난 표정과

_____ 불쌍한 표정도 짓는다.

하지만 가장 마음에 드는 표정은 바로 _____ 다.

_____ 때문이다.

나

- 표정을 그려 거울 이모티콘을 완성해 보세요.

킥킥, 배꼽 빠지겠어!

ㅋ ㅋ ㅋ

즐긴 표정

으악, 깜짝이야!

놀란 표정

애고애고, 불쌍해!

불쌍한 표정

화난 표정

씩씩! 나 정말 화났단 말이야!

멋진 표정

오, 제법 멋져!

다양한 그림을 그려 봐

거울에 비친 표정을 보며 눈, 코, 입의 모양을 살펴봐. 깜짝 놀랄 때 눈이 커지고, 웃을 때 입꼬리가 올라갈 거야. 이모티콘은 그 모양을 간단하게 표현하면 돼. 감정에 맞게 색을 칠하면 재미있는 이모티콘이 완성될 거야.

인물 사전 배경 지정 글쓰기

꼬마 탐정, 모모

나는 보고 싶은 친구를 찾아 주는 꼬마 탐정, 모모!
생김새만 알려 주면 누구든 척척 찾아내지!
오늘은 특별한 사연이 있는 2학년 의뢰인이 찾아왔어.
전학 간 친구의 핸드폰 번호가 지워졌다는군.
의뢰인은 쪽지만 건네주고는 서둘러 가 버렸어.

나는 쪽지를 펼쳐 보았지.
앗, 찾는 친구의 이름이
이산이야, 이상이야? 글씨가
엉망이군. 아무래도 이산 같아.

나이: 아홉 살
학교: 행복 초등학교
특징:
1. 고불고불 곱슬머리
2. 오른쪽 눈 밑에 점이 세 개
3. 큰 키에 팔다리가 길쭉길쭉
*참고: 달리기를 엄청 잘함!

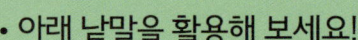

• 아래 낱말을 활용해 보세요!

생머리　　　통통하다　　　키가 크다
더벅머리　　　혹시　　　키가 작다
바짝 마르다　　찾아다니다　　구석구석

우선 나는 이산을 찾기 위해서 _____

그런데 2학년에 같은 이름의 친구가 세 명이나 있었지.

1반 이산은 _____

3반 이산은 _____

7반 이산은 _____

세 가지 특징과 전부 맞아떨어지는 친구는 없었어.

허탈하게 돌아서는데, 누군가 나를 불렀지.

" _____ "

나를 부른 친구는 이렇게 말했어.

" _____ "

아차, 내가 이런 실수를 하다니. 아무튼 다행이야!

의뢰인은 보고 싶은 친구 _____ 을 만났고,

정말 행복해했으니까. 오늘도 임무 완료!

보고 싶은 친구를 찾고 싶다면

꼬마 탐정, 모모에게 맡겨 줘!

샅샅이   다르다

바로 나야!

여기저기

요리조리 이야기 바꾸기

《백설 공주》는 백설 공주의 아름다움에 샘이 난 왕비가
독 사과로 백설 공주를 없애려는 이야기예요.
왕비가 잘못을 뉘우칠 수 있게 보기에서 골라 이야기를 바꿔 보세요.

왕비는 오늘도 마법 거울에게 물었어요.
"거울아, 거울아! 이 세상에서 누가 가장 예쁘지?"
마법 거울은 망설이지 않고 대답했어요.
"바로 숲속의 백설 공주님이지요."

☐ 털이 있고 달콤한 복숭아
☐ 송알송알 열린 포도
☐ 노랗고 길쭉길쭉한 바나나

화가 난 왕비는 과일 장수 할머니로 변장하고
바구니에 _____ 를 듬뿍 담았어요.
그러고는 백설 공주를 찾아가 문을 두드렸지요.
똑똑!
"아가씨, _____ 좀 사시구려."
백설 공주는 환하게 웃으며 문을 열었어요.
그런데 _____
_____
바람에, 과일이 바구니에서 쏟아졌어요.

☐ 과일 살 돈이 없다는
백설 공주의 말에 왕비가 당황하는
☐ 백설 공주가 벌컥, 힘차게 문을 여는
☐ 일곱 난쟁이들이
우르르 나오는

왕비가 너무 놀라 허겁지겁 과일을 담다가 쓰러지고 말았지요.
왜냐하면 _____
_____

백설 공주와 일곱 난쟁이들은
서둘러 왕비를 침대에 눕혔어요.
그러고는 _____
_____
그 이유는 _____
_____

☐ 복숭아 알레르기 때문에 얼굴이 불긋불긋해졌거든요.
☐ 독이 든 포도를 만진 손으로 눈을 비볐거든요.
☐ 바나나를 밟아 미끄러지고 말았거든요.

☐ 약을 먹이고 정성껏 돌봐 주었어요.
☐ 간지럼을 태웠어요.
☐ 병을 잘 고치는 의사를 데려왔어요.

다시 건강해진 왕비는
백설 공주와 일곱 난쟁이들에게
사과했어요.
그 뒤로는 마법 거울이 백설 공주가 가장 예쁘다고 말해도
백설 공주를 괴롭히지 않고 착하게 살았답니다.

반짝반짝 네 컷 만화

나만의 아이디어로 네 컷 만화의 마지막 컷을 완성해 보세요.

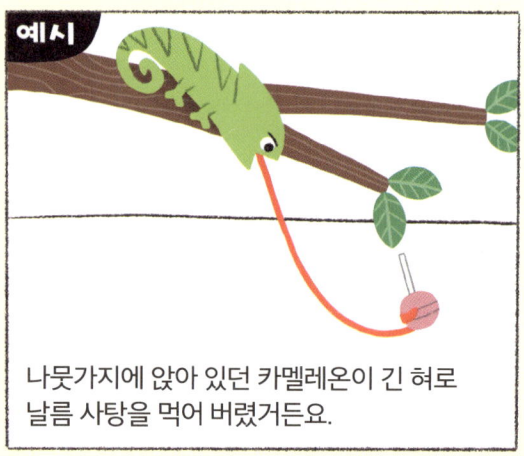

• 아래 낱말을 활용해 보세요!

나뭇가지   날름
똥파리   카멜레온
가져가다   먹다

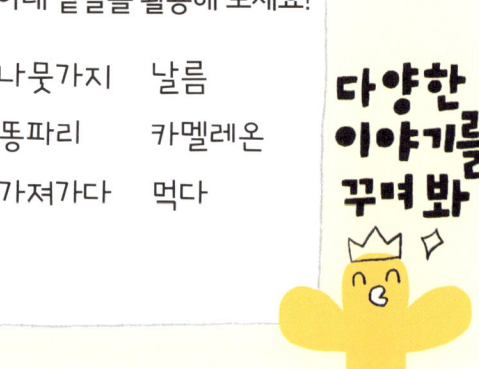

그림 보고 이야기 만들기

그림을 보고 어떤 일이 벌어질지 상상하며 이야기를 만들어 보세요.

- 아래 낱말을 활용해 보세요!

감동	맴맴
무대	찌르륵찌르륵
합창	노래하다
비추다	연주하다
우렁차다	환하다

숲속 곤충들의 뮤지컬 공연이 열렸어요.
장수풍뎅이 감독이 뿔을 들어 올리며
시작 신호를 주었지요. 조명을 맡은 반딧불이들은
_____

그리고 풀벌레들은 개구리들의 노래에 맞춰
_____

매미들은 _____
_____

숲속 곤충들의 뮤지컬 공연은 밤새도록 끝날 줄을 몰랐지요.
공연을 지켜보던 부엉이는 두 눈과 귀를 막아 버렸어요.

엉뚱 발랄 3행시

'매운맛'으로 엉뚱하고 발랄한 3행시를 지어 보세요.

예시 낱말

| 매력 매우 | 운 운동화 | 맛살 맛집 |
| 매일 매달리다 | 운명 운전하다 | 맛깔스럽다 맛나다 |

매

운

맛

3행시를 지어 봐

매미처럼 시끄럽게 울기만 하는구나.
운다고 해결되지 않아!
맛있는 초콜릿 먹고 마음을 가라앉혀 봐.

끝말 잇고 글쓰기

예시 낱말
- 꿈틀꿈틀
- 멍멍
- 주인공
- 친구
- 고맙다
- 귀엽다
- 물다
- 미안하다
- 밟다

끝말잇기를 한 다음, 세 개의 낱말로 이야기를 만들어 보세요.

강아○ ---> 지○○

이○기○

_____
_____
_____
_____
_____

다양한 이야기를 꾸며 봐

강아지가 비가 내리자 좋아서 폴짝폴짝 뛰었다.
그런데 그만 **지렁이**를 밟았다.
지렁이는 아파서 꿈틀댔다.
강아지는 미안해서 상처를 치료하고 보살피며
이야기책을 읽어 주었다.
그 뒤로 둘은 아주 친한 친구가 되어 함께 비를 맞았다.

일기 쓰기

날짜	년 월 일 날씨 ☀️ ⛅ ☂️ ⛄
제목	특별한 피자 만들기

오늘 나는 _____ 피자를 만들었다.

_____ 반죽과 피자치즈,

슬라이스 치즈, 감자, 옥수수, 소시지, 양송이버섯,

그리고 _____ (을/를) 준비했다.

우선 밀대로 반죽을 밀어 피자 도우를 만든 뒤,

_____ 토마토소스를 골고루 펴 발랐다.

그리고 준비한 재료들을 듬뿍 올렸다.

나만의 특별한 피자를 만들기 위해서

_____ 를 아낌없이 올렸다.

오븐에 피자를 굽자, 치즈가 사르르

녹으면서 고소하고 맛있는 냄새가 났다.

역시나 피자의 맛은 _____

하지만 조금 아쉬운 점도 있었다.

첫째는 피자 _____

둘째는 _____

다음에는 더 맛있게 만들어 봐야겠다.

- 나만의 피자 레시피를 그림으로 정리해 보세요.

〈피자 재료〉

밀가루   계란

계량컵   올리브

양송이버섯 피망 토마토

〈피자 만드는 방법〉

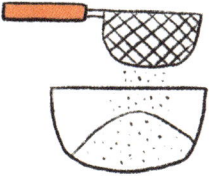

1. 밀가루를 체에 거른다.

넣고 싶은 피자 재료와 피자 만드는 방법을
간단한 그림과 글로 표현해 봐.
요리하는 과정을 상상하며 그리고 쓰면
더 특별하고 재미있는 레시피가 완성될 거야.

인물 사건 배경 지정 글쓰기

제발 울지 마!

나한테는 동생이 있어요. 귀엽기는 하지만
동생 돌보기는 정말 힘들어요.
그런데 우리만 두고 엄마가 잠깐 외출하신대요.
"엄마 금방 돌아올 거야. 동생 잘 보고 있어."
걱정은 좀 되었지만, 잠깐이니까 괜찮을 거라 생각했어요.
그리고 그때 동생은 낮잠을 자고 있었으니까요.

엄마가 나가시고 5분도 안 되었을 때, 잠이 깬 동생은
울기 시작했어요. 나는 동생을 달래기 위해서
_____
_____

하지만 동생은 울음을 그치지 않았어요.
이번에는 동생이 좋아하는 _____
_____

• 아래 낱말을 활용해 보세요!

신나는 노래 / 재미있는 텔레비전 / 말랑한 젤리 / 달콤한 사탕 / 춤추다 / 업어 주다 / 소꿉놀이

내가 아끼는 _____까지 입에 쏙 넣어 주었어요.

달콤한 것을 먹으면 기분이 좋아질 것 같았거든요.

하지만 _____

"제발 울지 마!"

어찌나 속상하던지 나는 _____

_____

어느새 동생이 눈물을 그치고 나한테 다가왔어요.

그러고는 _____

_____

동생과 나는 서로 꼭 안아 주었지요.

얼마 뒤, 엄마가 오셨고

동생을 잘 보고 있었다고 칭찬도 해 주셨어요.

엄마께 _____ 건 비밀!

 토닥토닥   작고 보드라운 손   소리 지르다

더 크게         씩 웃다

엉엉 울어 버리다   콧물이 줄줄   눈물을 닦아 주다

요리조리 이야기 바꾸기

《소가 된 게으름뱅이》는 일을 안 하고도 배불리 먹으며 살 수 있다는 말에 소 탈을 쓰고 소가 된 게으름뱅이의 이야기예요.
게으름뱅이가 부지런히 일할 수 있게 보기에서 골라 이야기를 바꿔 보세요.

옛날 한 마을에 소문난 게으름뱅이가 살았어요.
너무너무 게을러서 하루 종일 _____ 것을 가장 좋아했지요.

☐ 누워서 떡 먹는   ☐ 방에서 뒹구는   ☐ 코 골며 낮잠 자는   ☐ 노래하며 춤추는

게으름뱅이는 늘 _____ 가
되기를 바랐어요.

☐ 거미줄로 쉽게 먹이를 잡는 거미
☐ 잠만 쿨쿨 자는 나무늘보
☐ 온종일 대나무잎을 먹는 판다

왜냐하면 _____
_____고 생각했거든요.

그러던 어느 날, 게으름뱅이는 일 좀 하라는
아내의 잔소리를 피해 집을 나왔어요.
뒷산을 넘을 때 한 할아버지를 만났지요.
할아버지는 _____
게으름뱅이는 소원이 이루어진다는 말에 냉큼
_____ 탈을 썼어요.
그러자 게으름뱅이는 순식간에 _____ 로 변해 버렸어요!

처음에는 _____가 된 게 좋았어요.
왜냐하면 _____
하지만 점점 지쳤어요.
_____ 것이 정말 힘들었거든요.
열심히 일하지 않았던 것이 후회됐고, 아내도 보고 싶었지요.

다시 할아버지를 찾아간 게으름뱅이는
------------------------- 시작했어요.

☐ 큰 소리로 노래 부르기
☐ 벌렁 누워 떼쓰기
☐ 싹싹 빌며 눈물 흘리기

마음이 약해진 할아버지는 게으름뱅이한테 사람의 탈을 주었지요.
탈을 쓰자 _____
게으름뱅이는 한달음에 집으로 달려갔고,
그때부터 부지런히 일하며 아내와 함께 행복하게 살았답니다.

반짝반짝 네 컷 만화

나만의 아이디어로 네 컷 만화의 마지막 컷을 완성해 보세요.

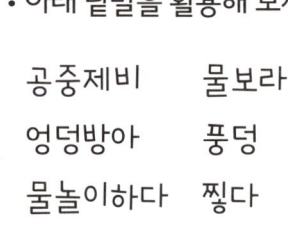

- 아래 낱말을 활용해 보세요!

공중제비	물보라
엉덩방아	풍덩
물놀이하다	찧다

그림 보고 이야기 만들기

그림을 보고 어떤 일이 벌어질지 상상하며 이야기를 만들어 보세요.

• 아래 낱말을 활용해 보세요!

대구루루	덩크 슛
반칙	심판
하품	후다닥
굴러오다	달리다
답답하다	잽싸다

느긋한 느림보 농구단이 농구 시합을 하고 있었어요.
패스도 천천히, 드리블도 천천히, 모두 천천히 움직였지요.
시합을 지켜보던 성격 급한 타조는 _____
_____

그때 타조 앞에 농구공이 _____
농구공을 잡은 타조는 _____
_____

느림보 농구단 선수들은 모두 깜짝 놀랐어요.
_____

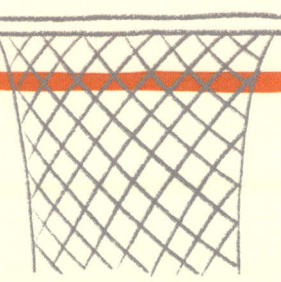

엉뚱 발랄 3행시

'인내심'으로 엉뚱하고 발랄한 3행시를 지어 보세요.

| 예시 낱말 | 인기 인사
인상 인터뷰 | 내비게이션 내용
내일 내쫓다 | 심부름 심장
심통 심심하다 |

인

내

심

 3행시를 지어 봐

인사하고 싶었는데!
내일 또 만났으면……
심장이 두근두근!

44

예시 낱말

- 마트
- 부침개
- 불고기
- 소풍
- 어린이날
- 고르다
- 구경하다
- 기다리다
- 떠나다

끝말 잇고 글쓰기

끝말잇기를 한 다음, 세 개의 낱말로 이야기를 만들어 보세요.

장난○ ---> 감○
○전○

다양한 이야기를 꾸며 봐

생일날 **장난감**을 사러 마트에 갔는데, 엄마는 식품 코너에서 **감자**, 양파, 호박 같은 채소만 고르고 계신다.
3층 **자전거** 코너를 지나기만 하면 되는데…….
"장난감아, 조금만 기다려. 곧 갈게!"

날짜	년 월 일	날씨	☀️ ⛅ ☂️ ⛄

제목   내 별명은 _____

가족들이나 친구들이 나를 부르는 별명은 _____ 이다.

내가 _____ 는 행동을 자주 하기 때문이다.

성격과 관련된 별명도 있다.

내 성격은 _____

그래서 별명이 _____

별명이 있다는 건 안 좋기도 하다.

나를 처음 만난 사람들이 별명 때문에 내 성격을

오해할 수 있기 때문이다.

하지만 좋은 점도 참 많은 것 같다.

첫 번째 좋은 점은 _____

왜냐하면 _____

두 번째 좋은 점은 _____

왜냐하면 _____

내 다음 별명은 꼭 _____ 가 됐으면 좋겠다.

- 내 별명을 쓴 다음, 어울리는 나만의 캐릭터를 그려 보세요.

잠꾸러기

수다쟁이

내 별명

다양한 그림을 그려 봐

잠꾸러기면 쿨쿨 잠자는 모습, 수다쟁이면 말이 많은 모습 등 특징을 살려서 캐릭터를 만들어 봐. 생각나는 별명이 없다면 내가 갖고 싶은 별명의 캐릭터를 그려도 좋아.

인물 사건 배경 지정 글쓰기

첨벙첨벙 노는 것은 즐거워!

조심성이 많고 조용한 아기 돼지 조심이가 살았어요.
비가 옷에 튈까 봐, 비 오는 날은 꼼짝도 하지 않았지요.

비가 주르륵주르륵 내리는 어느 날,
옆집에 사는 친구 돼지 명랑이가 찾아왔어요.
명랑이는 조심이랑 아주 달라요.
_____든요.
"조심아, 놀자!"
조심이는 명랑이 손에 이끌려 억지로 집을 나서게 되었어요.
조심이는 나가기 전, _____
_____ 만반의 준비를 했지요.

명랑이가 후다닥 뛰어 _____
조심이는 비가 튈까 봐 조심 또 조심하면서 걸었지요.

• 아래 낱말을 활용해 보세요!

쾌활하다　장화를 신다　커다란 우산
비옷을 챙겨 입다　방수　점프하다

첨벙첨벙
찰박찰박　신나게 뛰다

비가 고인 물웅덩이를 보자마자,

명랑이는 _____

_____

하지만 조심이는 _____

_____

"조심아, 같이 물놀이하자. 정말 재미있어."

명랑이가 조심이의 손을 잡아끌었어요.

조심이는 조심스럽게 물웅덩이에 발을 넣어 보았지요.

_____

어느새 조심이는 _____

조심이와 명랑이는 함께 시간 가는 줄 모르고 신나게 놀았어요.

해 질 무렵, 둘은 서로 작별 인사를 했어요.

조심이는 명랑이한테 말했어요.

" _____ "

재미있어 보이다   뒹굴다
벗어 던지다   즐겁다

또 만나

요리조리 이야기 바꾸기

《빨간 모자》는 빨간 모자가 할머니 댁에 가는 길에 늑대를 만나 위험에 처하는 이야기예요. 빨간 모자가 무사히 할머니 댁에 도착할 수 있게 보기에서 골라 이야기를 바꿔 보세요.

늘 빨간색 모자를 쓰고 다녀서 빨간 모자라고 불리는 아이가 있었어요. 어느 날 빨간 모자는 엄마 심부름으로 할머니 댁에 가게 되었어요.
"빨간 모자야, 할머니께 ＿＿＿＿＿＿를 가져다드리고 오렴."
엄마는 한눈팔지 말고 곧장 가야 한다고 신신당부를 했어요.
빨간 모자는 숲속에서 ＿＿＿＿＿＿＿＿＿＿＿＿＿＿＿ 것을 좋아했거든요.

☐ 생선구이
☐ 바나나
☐ 샌드위치

☐ 개미집 들여다보는
☐ 나뭇잎으로 소꿉놀이하는
☐ 꽃으로 왕관 만드는

숲에 들어서자 여러 가지 동식물들이 있었어요.
_____, _____, _____ 등에 눈이 팔린
빨간 모자는 심부름하는 것도 잊어버렸지요.
그때 _____
_____ 빨간 모자에게 다가왔어요.

☐ 꼬리 긴 원숭이가 나무를 타며
☐ 냄새를 잘 맡는 개가 킁킁거리며
☐ 소리를 잘 듣는 고양이가 '야옹' 울며

사실 _____는 집에서부터 빨간 모자를 따라왔어요.
왜냐하면 _____ 때문이지요.
빨간 모자는 _____가 정말 반가웠어요.
_____는 빨간 모자에게 말했어요.
"우리 _____ 하면서 갈까?"
빨간 모자는 신이 났지요.

☐ 나뭇잎 피리 불기
☐ 끝말잇기
☐ 그림자밟기

빨간 모자와 _____는
_____ 놀이를 재미있게 하며 성큼성큼 걸었지요.
멀게만 느껴졌던 길이 하나도 지루하지 않았어요.
어느새 할머니 댁에 도착했어요. 할머니는 반갑게 맞아 주셨지요.
할머니와 빨간 모자, 그리고 _____는
엄마가 준 _____를 나누어 먹으며
즐거운 저녁을 보냈답니다.

반짝반짝 네 컷 만화

나만의 아이디어로 네 컷 만화의 마지막 컷을 완성해 보세요.

오리 가족이 물놀이를 가요.
닭 가족은 소풍을 가지요.

병아리들은 물놀이하는
오리 가족이 부러웠어요.

닭 가족은 무작정 물에 뛰어들었어요.
하지만 허우적거리다가 나왔지요.
아빠 닭은 좋은 생각이 떠올랐어요.

예시
아빠 닭은 오리 배에 병아리들을 태웠어요. 병아리들은 신나서 삐악거렸지요.

- 아래 낱말을 활용해 보세요!

  오리 배　　튜브
  기우뚱하다　부탁하다
  삐악거리다　태우다

다양한 이야기를 꾸며 봐

그림 보고 이야기 만들기

그림을 보고 어떤 일이 벌어질지 상상하며 이야기를 만들어 보세요.

• 아래 낱말을 활용해 보세요!

대왕문어	바로
부리나케	상어
파이팅	함께
놀라다	달려오다
달아나다	잡아 올리다

"도와줘. 엄청 큰 물고기가 잡혔나 봐!"
아빠 고양이의 낚싯줄이 끊어질 듯이 팽팽해졌어요.
엄마 고양이가 _____
_____

신이 난 아기 고양이들은 말했어요.
" _____ "

그런데 고양이 가족은 _____
낚싯대에 걸린 것은 물고기가 아니라 _____
_____

엉뚱 발랄 3행시

'아버지'로 엉뚱하고 발랄한 3행시를 지어 보세요.

| 예시 낱말 | 아빠 아프리카
아낌없다 아름답다 | 버드나무 버섯
버스 버리다 | 지렁이 지름길
지루하다 지치다 |

아

버

지

 3행시를 지어 봐

아낌없이 팍팍!
버터와 재료를 듬뿍 넣어 볶은 뒤,
지그시 눈을 감고 먹었다.
"음, 바로 이 맛이야!"

끝말 잇고 글쓰기

끝말잇기를 한 다음, 세 개의 낱말로 이야기를 만들어 보세요.

예시 낱말
- 분리수거
- 시험
- 작년
- 깨끗하다
- 많다
- 쌓다
- 정리하다
- 지저분하다
- 찾다

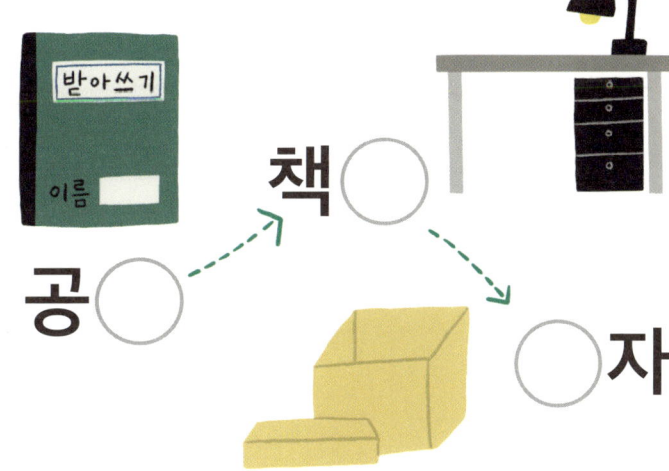

다양한 이야기를 꾸며 봐

공책이 없어졌다.
엄마가 지저분한 **책상** 위에서 찾아 주셨다.
엄마한테 혼나고 책상 정리를 시작했다.
다 쓴 공책은 **상자**에 넣어 분리수거했다.
깨끗해진 책상을 보니 마음도 상쾌했다.

날짜	년 월 일	날씨 ☀ ⛅ ☂ ⛄
제목	똑 닮았네!	

나는 (엄마 / 아빠)를 똑 닮았다.

(엄마 / 아빠)랑 가장 닮은 부분은

_____

_____

생김새 말고 습관도 닮았다.

(엄마 / 아빠)와 나는 _____ 것이 똑같다.

그리고 또 _____ 것도 똑같다.

그래서 나랑 (엄마 / 아빠)를 붕어빵이라고 부르나 보다.

내가 결혼해서 아기를 낳으면 나를 똑 닮겠지?

똑같이 생긴 (엄마 / 아빠)와 나, 그리고 아기가 함께 사진을 찍으면

진짜 재미있을 것 같다.

나

- 엄마, 아빠 등 내가 닮은 사람과의 똑 닮은 습관을 그리고, 왜 그렇게 느꼈는지 써 보세요.

가족이 나온 사진을 찾아보면 어떨까? 사진 속에서 똑같이 두 팔을 벌리고 자는 아빠와 나, 사진 찍을 때면 꼭 손가락으로 브이 자를 만드는 엄마와 나, 똑같이 뒷짐을 지고 걷는 할아버지와 나 등의 모습을 찾을 수 있을 거야.

인물 사건 배경 지정 글쓰기

우리 가족은 슈퍼히어로!

우리 가족은 엄마, 아빠, 나, 동생, 이렇게 네 식구이다.
모두 평범해 보이지만, 절대 그렇지 않다.
우리는 마을을 지키는 슈퍼히어로 가족이기 때문이다.
마을을 이리저리 살피다가 도움이 필요한 사건을 보면,
아무도 눈치채지 못하도록 재빨리 출동한다.

옆집 짱구네 지붕이 날아갔을 때도,
뒷집 _____ 때도,
우리 마을에 _____ 때도,
모두 우리 가족이 해결했다.

그런데 정말 엄청난 일이 터졌다.
비바람이 치고 하늘이 엄청나게 어두웠던 날,
이상한 괴물이 나타난 것이다!

• 아래 낱말을 활용해 보세요!

바람에 날아가다
물에 빠지다

외계인
거대한 뿔

집을 부수다
괴롭히다

벌벌 떨다
겁에 질리다

어떻게 생겼냐면 _____

괴물은 우리 마을에서 _____

_____ 했다.

마을 사람들은 _____

우리 가족 중에 가장 발이 빠른 나는 괴물한테 다가가

_____

끈적한 손을 가진 동생은 _____

옴짝달싹 못 하게 묶는 밧줄로 엄마가 _____

가장 힘이 센 아빠가 _____

그리고 한 마디 하셨다.

"_____"

괴물은 _____

_____

우리 가족은 괴물을 무찔렀다.

마을 사람들은 모두 나와 환호성을 질렀다.

하지만 아무도 변신한 우리가 누구인지 눈치채지 못했다.

쉿, 그건 영원히 비밀!

찰싹 붙다
찌르다

꽁꽁 묶다
휘두르다

어지럽히다
구르다
빙빙 돌리다

힘껏 날리다
오지 마

낱말 지도

'계절'을 표현하는 여러 가지 낱말을 살펴보고, 질문에 맞는 낱말에 ○ 해 보세요.

• 내가 느끼는 봄은 어떤가요?

봄
- 봄바람
- 꽃샘추위
- 산들산들
- 피다
- 따뜻하다 / 포근하다 / 화창하다
- 봄비
- 파릇파릇
- 쑥쑥
- 돋다
- 어린이날
- 활짝
- 개나리 / 진달래 / 벚꽃
- 나비
- 황사
- 스승의 날
- 어버이날
- 입학식
- 봄나물

• 내가 느끼는 여름은 어떤가요?

여름
- 튜브 / 구명조끼 / 수영복 / 모자
- 바다 / 계곡 / 워터 파크
- 소나기 / 장대비 / 장마
- 팥빙수 / 아이스크림 / 수박화채
- 냉면
- 풍덩 / 어푸어푸 / 찰박찰박
- 물장구 / 모래놀이 / 수영
- 물놀이
- 후끈
- 찌다
- 무덥다
- 곤충
- 내리쬐다
- 열대야
- 주룩주룩
- 땀 뻘뻘 송골송골
- 매미 맴맴
- 반딧불이 반짝반짝 깜빡깜빡
- 햇볕 쨍쨍 이글이글
- 선풍기 / 에어컨 / 부채

60

요리조리 이야기 바꾸기

《잭과 콩나무》는 잭이 하늘까지 뻗은 커다란 콩나무를 타고 올라, 신기한 모험을 하는 이야기예요. 잭이 무사히 집으로 돌아올 수 있게 보기에서 골라 이야기를 바꿔 보세요.

잭은 젖소를 팔러 시장에 가는 길에 낯선 할아버지를 만났어요. 할아버지의 마법 콩과 젖소를 바꾸고는 집으로 돌아왔지요. 엄마는 몹시 화가 나서, 창밖으로 콩을 휙 던져 버렸어요.

다음 날 아침, 콩은 커다란 콩나무가 되어 하늘까지 뻗어 있었지요. 잭이 콩나무를 타고 올라 꼭대기에 다다르자, ＿＿＿＿＿＿＿＿가 나타났어요.

☐ 과자 나라
☐ 황금 나라
☐ 장난감 나라

＿＿＿＿＿＿＿＿의 성문을 열고 들어간 잭은 눈이 휘둥그레졌지요.
성 안에 ＿＿＿＿＿＿＿＿＿＿＿＿＿＿가 있었으니까요.

☐ 먹어도 계속 채워지는 과자 항아리
☐ 따도 또 열리는 황금 나무
☐ 새로운 장난감이 계속 나오는 장난감 상자

계절

잭이 한눈파는 사이 등 뒤에서
수상한 그림자가 다가왔어요.
바로 ··
··· 이었지요.

"누가 함부로 내 성에 들어온 거야?"
겁에 질린 잭은 도망쳤지만 곧 붙잡혔어요.
잭은 커다란 새장에 갇히고 말았지요.
하지만 잭은

···

사이에 쇠창살 틈으로 겨우겨우 빠져나왔지요.

잭은 _____를 챙겨 부랴부랴
콩나무를 타고 내려왔어요.
그리고는 도끼로 콩나무를 쓰러뜨렸지요.
_____(은/는) 감쪽같이
사라진 잭과 _____를
찾으려고 아직도 성 안을 구석구석 뒤지고 있어요.
그리고 잭은 _____
_____서
큰 부자가 되었답니다.

☐ 무엇이든 먹어 치우는 먹보 용
☐ 주문을 못 외우는 실수투성이 마법사
☐ 시도 때도 없이 꾸벅꾸벅 조는 마귀할멈

☐ 먹보 용이 정신없이 먹는
☐ 마법사가 틀린 주문을 외우는
☐ 마귀할멈이 빗자루에서 꾸벅꾸벅 조는

반짝반짝 네 컷 만화

나만의 아이디어로 네 컷 만화의 마지막 컷을 완성해 보세요.

엄마 닭이 개미 119 구조대에 신고를 했어요. "제 알이 좁은 틈으로 굴러갔어요!"	서둘러 출동한 개미 소방관들이 틈새로 들어갔다가 빈손으로 나오지 뭐예요. "알이 그만…… 깨져 버렸습니다."
엄마 닭은 슬퍼서 꼬꼬댁 울음을 터뜨렸어요. 그런데 그때였어요!	

예시 틈새에서 병아리가 삐악삐악 나왔어요.
"엄마, 알이 깨진 게 아니라 제가 알을 깨고 나온 거예요!"

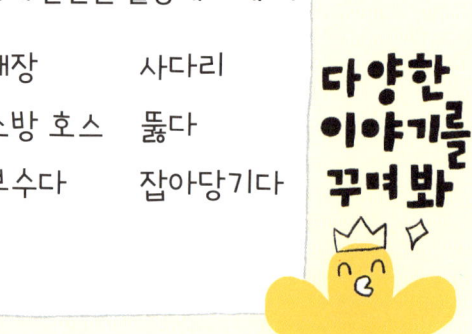

• 아래 낱말을 활용해 보세요!

대장	사다리
소방 호스	뚫다
부수다	잡아당기다

다양한 이야기를 꾸며 봐

그림 보고 이야기 만들기

그림을 보고 어떤 일이 벌어질지 상상하며 이야기를 만들어 보세요.

- 아래 낱말을 활용해 보세요!

살랑살랑	오들오들
파릇파릇	활짝
날아가 버리다	노래하다
반갑다	움츠리다
인사하다	피다

봄 요정이 온 세상에 봄 가루를 뿌리면

따뜻한 햇살에 얼어붙은 땅이 사르르 녹아요.

또, 새싹이 _____

그리고 바람은 _____

꽃은 _____

동물들도 _____

그런데, 좀 더 놀고 싶은 마음에 겨울 요정이 되돌아왔지 뭐예요.

겨울 요정은 겨울 가루를 마구 뿌려 댔어요.

새싹들과 꽃은 _____

동물들은 _____

봄 요정은 슬퍼서 훌쩍훌쩍 울었어요.

_____

그렇게 겨울 요정이 떠나고 다시 봄이 찾아왔어요.

엉뚱 발랄 3행시

'개나리'로 엉뚱하고 발랄한 3행시를 지어 보세요.

예시 낱말
| 개구리 개구쟁이 | 나라 나중 | 리듬 리본 |
| 개미 개천절 | 나누다 나오다 | 리어카 리포터 |

개
나
리

 **3행시를 지어 봐**

개구쟁이들이 오늘도 장난칠 궁리를 해요.
나무에 올라가 술래잡기를 할까?
리코더를 삑삑 불어 온 동네를 시끌벅적하게 만드는 거야!

끝말 잇고 글쓰기

끝말잇기를 한 다음, 세 개의 낱말로 이야기를 만들어 보세요.

예시 낱말
- 꽃
- 여행
- 인사
- 칙칙폭폭
- 팔랑팔랑
- 따라가다
- 만나다
- 빠르다
- 편안하다

나○ ---> 비행○
○차

다양한 이야기를 꾸며 봐

나비가 허풍을 떨며 꽃한테 말했어요.
"나는 어떤 탈것보다도 빨라."
하지만 나비는 비행기나 기차가 너무 빨라서 근처에 다가가지도 못했지요. 나비는 꽃한테 부끄러웠어요.
"네가 빠르면, 우린 인사도 못 해. 그대로의 네가 좋아!"
꽃은 활짝 웃으며 나비를 위로해 주었답니다.

계절

날짜	년 월 일	날씨	
제목	쑥쑥 잘 자라라!		

학교에서 강낭콩 씨앗을 나눠 주었다.

화분에 심은 다음 _____라고 이름도 지어 주었다.

_____라고 붙인 이름이었다.

햇빛이 _____

물도 _____

며칠 뒤 기다리던 싹이 돋았다.

흙을 힘껏 밀어 내고는 쏙 올라왔다.

싹이 난 뒤로 _____(은/는) 쑥쑥 자랐다.

떡잎이 먼저 생기고, 떡잎 사이로 본잎이 나왔다.

줄기는 길어지고, 잎은 풍성해졌다.

그리고 보라색 꽃이 피고 진 다음에 드디어 꼬투리가 맺혔다.

잘 여문 꼬투리를 열면, _____ 동글동글 강낭콩들이

_____ 할 것 같다.

아기 강낭콩들에게 이렇게 말해 주고 싶다.

" _____ "

- 꼬투리 속 강낭콩은 어떤 모습일까 상상하며 그려 보세요.

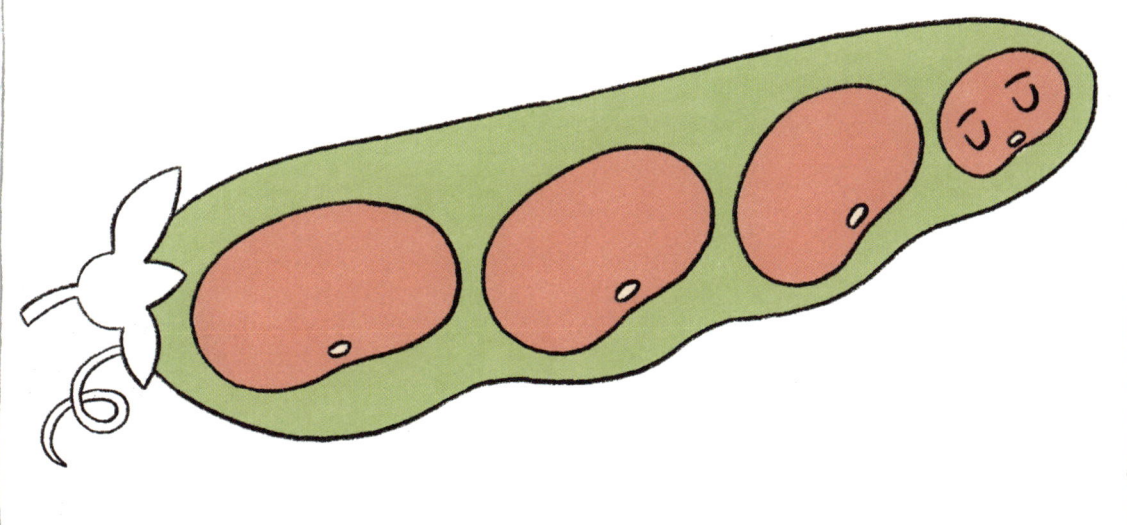

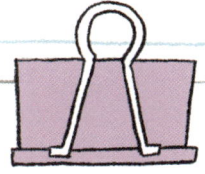 다양한 그림을 그려 봐

잘 여문 꼬투리를 열면 동글동글 강낭콩들이
손을 흔들며 반갑게 인사할지도 몰라.
갑자기 통통 튀어나와 깜짝 놀라게 할지도 모르지.
자유롭게 상상하다 보면 재미있는 강낭콩의
모습이 떠오를 거야.

인물 사건 배경 지정 글쓰기

곰곰이의 봄나들이

숲속 마을에 사는 곰곰이는 내일 봄나들이를 가기로 했어.
그런데 갑자기 비가 주룩주룩 내리는 거야.
나들이를 못 갈까 봐 걱정이 되어 창밖만 바라보다 잠이 들었지.
다행히 다음 날 아침에는 비가 그쳤어.
"또 비가 오기 전에 서둘러 봄나들이를 가야겠어."
부랴부랴 집을 나선 곰곰이가 소나무 숲을 가로지를 때였어.

"아, 어떡해! _____"
곰곰이는 다시 집으로 돌아갔어.
그러고는 _____

이번에는 소나무 숲을 지나 냇물을 건널 때였어.
"아, 어떡해! _____"
곰곰이는 다시 집으로 돌아갔어.

• 아래 낱말을 활용해 보세요!

도시락   돗자리   걸음을 멈추다   화장실
챙기다   다른 가방
꼭 필요하다   빠뜨리다

계절

이번에는 냇물을 건너 꽃밭을 지날 때였어.
"아, 어떡해! _____"
하지만 몹시 지친 곰곰이는 _____

향기로운 꽃향기 덕분에 금세 기분이 좋아진 곰곰이는
_____

그런데 윙윙, 갑자기 벌 떼가 몰려들었어.
곰곰이는 _____

겨우 벌 떼를 따돌리고 집에 돌아온 곰곰이는
이대로 봄나들이를 망치고 싶지 않았어.
그래서 집 마당에 돗자리를 펴고, 모자를 쓰고 앉아
맛있게 김밥을 먹었어.
그리고 씩 웃으며 말했지.
" _____ "

콧노래를 흥얼거리다
후다닥 뛰다
깜짝 놀라다
길을 잃다
햇빛을 가리다
기분이 좋아지다
행복하다
벌러덩 누워 버리다
나름대로 멋지다

요리조리 이야기 바꾸기

《바람과 해님》은 바람과 해님이 서로 자기가 더 세다고 힘겨루기를 하는 이야기예요. 둘의 싸움으로 사람들이 괴로워하지 않게 보기에서 골라 이야기를 바꿔 보세요.

어느 날, 바람이 해님에게 자랑을 했어요.
"사람들은 이 바람님을 참 좋아해!"
해님은 비웃으며 말했지요.
"무슨 소리, 사람들은 나를 더 좋아해!"
바람과 해님은 내기를 하기로 했어요.
"그럼, 사람들을 _____ 내기를 해 보자!"

☐ 많이 모으기
☐ 깔깔 웃게 만들기
☐ 덩실덩실 춤추게 만들기

바람은 입을 동글게 오므린 뒤, 입김을 힘껏 '후!' 내뿜으려 했어요. 하지만 입김이 입속으로 쏙 들어가 버렸지요.
왜냐하면 _____
_____
_____ 때문이에요.

☐ 시끌벅적, 새 떼들이 한꺼번에 몰려왔기
☐ 에취, 해님이 바람 얼굴에 재채기를 했기
☐ 딸꾹딸꾹, 갑자기 딸꾹질이 났기

> 계절

"하하, 이번에는 내 차례!"
해님이 온몸에 힘을 주어 뜨거운 열을 내뿜으려는 찰나,
깜짝 놀라 힘이 쭉 빠져 버렸어요.
왜냐하면 _____ 때문이에요.

제대로 힘겨루기를 하지 못한
바람과 해님은 서로 마주 보고
동시에 세찬 입김과 뜨거운 열을 쏟아 냈지요.
그래서 사람들은 너무 춥기도 하고
너무 덥기도 했어요.
깜짝 놀란 사람들은 집 밖으로 나오지 않았고,
바람과 해님을 원망했어요.
"바람과 해님은 정말 너무해!"

☐ 시커먼 먹구름이 쓱 지나갔기
☐ 에취, 바람도 해님 얼굴에 재채기를 했기
☐ 마른하늘에 벼락이 쳤기

바람과 해님은 부끄러워 고개를 들 수가 없었어요.
"우리의 내기가 사람들을 괴롭게 만들었어."
"맞아. 누가 힘이 더 센지는 중요하지 않아.
중요한 건 _____
_____ 야."
그 뒤로 바람과 해님은 사람들을
괴롭히는 내기를 하지 않았다고 해요.

반짝반짝 네 컷 만화

나만의 아이디어로 네 컷 만화의 마지막 컷을 완성해 보세요.

- 아래 낱말을 활용해 보세요!

간지럼   지진
코끼리   도망가다
매달리다 일어나다

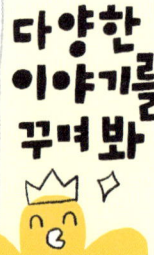

그림 보고 이야기 만들기

그림을 보고 어떤 일이 벌어질지 상상하며 이야기를 만들어 보세요.

• 아래 낱말을 활용해 보세요!

넘실넘실	높이높이
조심조심	파도타기
다가가다	단단하다
신나다	쌓다
울다	태우다

"우아, 정말 멋진 성이야."
바닷가에서 꼬마가 모래로 모래성을 만들었어요.
그런데 장난꾸러기 파도가 덮쳐 멋진 성이 스르르 사라졌어요.
파도는 킥킥 웃었어요.

꼬마는 _____
그랬더니 파도가 다시 _____
_____

모래성이 자꾸 파도 때문에 사라지자
꼬마는 _____
파도는 _____
어느새 파도와 꼬마는 깔깔대며 함께 웃었지요.

엉뚱 발랄 3행시

'소나기'로 엉뚱하고 발랄한 3행시를 지어 보세요.

예시 낱말

| 소나무 소년 | 나머지 나무늘보 | 기온 기침 |
| 소소하다 소중하다 | 나이 나쁘다 | 기르다 기쁘다 |

소

나

기

 3행시를 지어 봐

소문 들었어?
나무늘보가 달리기에서 1등을 했대.
기억에 남을 거야. 정말 놀라운 일이니까!

계절

예시 낱말
- ○ 노릇노릇
- ○ 요리조리
- ○ 폴짝폴짝
- ○ 굴러가다
- ○ 뒤집다
- ○ 밟다
- ○ 부치다
- ○ 살피다
- ○ 점프하다

끝말 잇고 글쓰기

끝말잇기를 한 다음, 세 개의 낱말로 이야기를 만들어 보세요.

부○○ → 개○○ → 리○○

다양한 이야기를 꾸며 봐

커다란 **부침개**가 하늘에서 뚝 떨어졌어요.
지나가던 **개구리**가 발견했지요.
고소한 냄새가 솔솔 풍겨 한 입 베어 먹었어요.
"음, 맛있어."
개구리는 부침개를 **리어카**에 싣고 끙끙대며 집으로 갔지요. 그러자 올챙이들이 꼬리를 흔들며 개구리와 부침개를 반겼답니다.

일기 쓰기

날짜	년 월 일 날씨
제목	여름 방학 계획

야호, _____ 여름 방학이다.

여름 방학에는 하고 싶은 것이 정말 많다.

시골 냇가에서 물고기 잡기, _____,

_____, _____,

내 머릿속은 놀 생각으로 가득 찼다.

하지만 이번 여름 방학에는 꼭 이루고 싶은 목표도 두 가지나 있다.

첫째는 _____

왜냐하면 _____

둘째는 _____

왜냐하면 _____

계절

두 가지 목표를 이루기 위해서

나는 _____ 할 것이다.

내가 세운 계획을 꼭 지켜서

_____ 여름 방학을 만들어야겠다.

- 나만의 방학 생활 계획표를 만들어 보세요.

방학 계획

1. _____
   _____
   _____

2. _____
   _____
   _____

생활 계획표

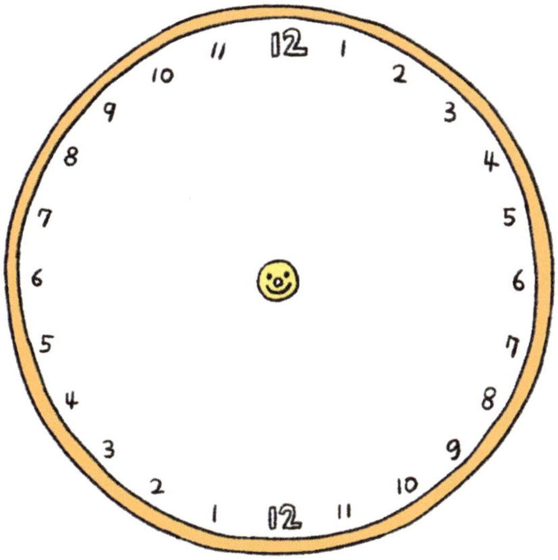

줄넘기하는 시간을 넣어서 건강왕이 되어 보는 건 어때? 책 읽는 시간을 넣어서 독서왕이 되어 보는 것도 좋아. 어떤 계획이라도 열심히 지킨다면, 뿌듯한 방학을 보낼 수 있을 거야. 다만, 너무 무리하거나 지킬 수 없는 계획을 세우지 않도록 하자!

인물 사건 배경 지정 글쓰기

펭귄 나라에 간 펭구

뜨거운 여름날, 너무 더워서 냉동실 문을 벌컥 열었다.
그 안에 내가 좋아하는 펭귄바가 있었다.
귀여운 펭귄 모양의 아이스크림이었다.
펭귄바를 한 입 베어 문 순간, 펭귄이 포장 봉지에서 튀어나와 손짓을 했다.
"펭구야, 학교 가자!"

홀린 듯이 따라가 보니 어느새 펭귄 나라 학교에 다다랐다.
어린이 펭귄들이 모여 있는 것이 너무 신기해서 _____
_____

"펭구도 줄을 서야지. 이제 선생님을 따라오세요."
펭귄 선생님의 말에, 나는 친구들과 함께 _____

펭귄 학교 1교시 과목은 수영이었다.
"물고기를 잡으려면 수영을 잘해야 해요."

• 아래 낱말을 활용해 보세요!

갸웃거리다 두리번두리번 둘러보다
나란히 줄짓다 뒤뚱뒤뚱

풍덩 뛰어들다
헤엄치다 연습하다

계절

나와 친구들은 선생님을 따라 했다.
_____
그리고 날개와 꼬리를 움직여 _____

펭귄 학교 2교시 과목은 미끄럼 타기였다.
나와 친구들은 뒤뚱뒤뚱 눈 언덕에 올라가
배를 바닥에 대고 _____
마치 _____ 것처럼 재미있었다.

한참 뒤 수업이 끝나자, 엄마 아빠 펭귄들이 친구들을 데리러 왔다.
나는 _____해서 시무룩해졌다.

그때 엄마 목소리가 들렸다.
"연호야, 냉장고 문 오래 열고 있으면 안 돼."
나는 어느새 냉장고 앞에 서 있었다. 엄마한테 달려가 와락 안겼다.
왜냐하면 _____

하지만 펭귄 나라 여행은 더위가 싹 사라지는 멋진 추억이었다.

미끄러지다 눈썰매 배고프다 혼자 남다
보고 싶다 다행이다

지치다 힘들다
되돌아오다

요리조리 이야기 바꾸기

《해님 달님》은 오누이가 호랑이를 피해 동아줄을 타고
하늘의 해와 달이 된 이야기예요. 오누이와 엄마가 모두 무사할 수 있게
보기에서 골라 이야기를 바꿔 보세요.

옛날 옛날에 오누이의 엄마가 떡 바구니를 이고
고개를 넘는데 호랑이가 나타났어.
"떡 하나만 주면 안 잡아먹지!"
엄마는 떡 하나를 휙 던져 주고는 서둘러 달아났어.
그런데 호랑이가 고개를 넘을 때마다 나타났지.
"떡 하나만 주면 안 잡아먹지!"
엄마는 화를 내며 떡을 던져 줬어.

마지막 고개를 넘을 때였어. 호랑이는 깜짝 놀랐지.
왜냐하면 ------------------------------

☐ 엄마가 몽둥이로
다짜고짜 호랑이를 내리쳤거든.
☐ 떡 대신 날아온 떡 바구니에
머리를 맞았거든.
☐ 엄마가 던진 떡이
목에 딱 걸렸거든.

계절

"으악!"
호랑이가 어쩔 줄 몰라 하는 사이 엄마는 서둘러 집으로 도망쳤어.
호랑이가 찾아올 거라고 생각한 엄마는 오누이와 함께 꾀를 냈지.

호랑이는 씩씩대며 오누이의 집을 찾아가 문을 쿵쿵 두드렸어.
그런데 이상하게 조용하지 뭐야. 하지만 벌컥 문을 열고 들어가자마자

□ 문에 매달린 메주가 얼굴로 날아와 메주 범벅이 됐어.
□ 방바닥에 뿌려진 미끌미끌 참기름을 밟고 벌러덩 넘어졌어.
□ 오누이와 엄마가 쏜 새총에 맞아 혹이 났어.

□ 동아줄에 발이 걸려 우물에 빠졌거든.
□ 그물에 걸려 대롱대롱 나무에 매달렸거든.
□ 깊은 구덩이에 쏙 빠졌거든.

호랑이는 아픈 것을 겨우 참고 오누이와 엄마를 찾아 마당으로 갔어.
그런데 호랑이가 또 된통 당했지 뭐야.
이번에는

호랑이는 그제야 싹싹 빌었어. 엄마와 오누이는 호랑이를 용서해 주었지.
그 뒤로 호랑이는 다시는 떡 달라고 사람들을 괴롭히지 않았대.

반짝반짝 네 컷 만화

나만의 아이디어로 네 컷 만화의 마지막 컷을 완성해 보세요.

- 아래 낱말을 활용해 보세요!

가시	고슴도치
성게	저절로
숨바꼭질하다	썩다

다양한 이야기를 꾸며 봐

그림 보고 이야기 만들기

그림을 보고 어떤 일이 벌어질지 상상하며 이야기를 만들어 보세요.

- 아래 낱말을 활용해 보세요!

다닥다닥	옷
우수수	울긋불긋
나오다	떨어지다
물들다	여물다
입다	화려하다

가을이면 단풍나무와 은행나무의 패션쇼가 열려요.
올해도 두 나무는 서로 뽐내느라 바빴어요.
단풍나무가 _____
은행나무는 _____
은행나무가 걸을 때마다 _____
_____

그렇게 패션쇼의 분위기가 무르익고 있는데,
심술맞은 바람이 쌩쌩 불었어요.
그러자 _____
_____
나무 패션쇼는 급하게 막을 내렸지요.

엉뚱 발랄 3행시

'한가위'로 엉뚱하고 발랄한 3행시를 지어 보세요.

예시 낱말
| 한가득 한강 | 가게 가지가지 | 위아래 위치 |
| 한글 한가하다 | 가르치다 가볍다 | 위로하다 위험하다 |

한
가
위

 3행시를 지어 봐

한복을 곱게 차려입은 날이다.
가지런하게 놓인 꽃신을 신고 일어서다가, 꽈당 넘어졌다.
위로받고 싶지 않았다. 너무 창피했기 때문이다.

끝말 잇고 글쓰기

계절

끝말잇기를 한 다음, 세 개의 낱말로 이야기를 만들어 보세요.

예시 낱말
- 느릿느릿
- 미끌미끌
- 소원
- 걸리다
- 기어오르다
- 꿈꾸다
- 둥그렇다
- 뒤집어쓰다
- 따뜻하다

○름○ ---→ ○팽○

이○

_____
_____
_____
_____
_____

다양한 이야기를 꾸며 봐

보름달이 온 세상을 환하게 비추고 있었어요.
달팽이는 나무에 걸린 보름달을 만져 보고 싶었지요.
그래서 열심히 기어올라 갔어요.
오랜 시간이 걸려 닿은 보름달은 너무 포근했어요.
달팽이는 전혀 몰랐어요.
보름달이 **이불**에 그려진 그림이라는 사실을요.

일기 쓰기

날짜	년 월 일 날씨 ☀️ ⛅ ☂️ ⛄
제목	송편 만들기

나는 추석이 참 좋다.

특히 온 가족이 모여 앉아 송편을 만들 때가

가장 _____

왜냐하면 _____

_____ 때문이다.

나는 모두 똑같이 생긴 송편을 빚는 게 싫다.

이왕이면 _____ 빚고 싶다.

그래서 고소한 콩이 들어간 티라노사우루스 송편,

달콤한 깨가 들어간 스테고사우루스 송편, 알밤이 쏙쏙 들어간

트리케라톱스 송편과 같이 공룡 모양 송편을 빚었다.

처음에는 가족들이 _____

이제는 내 송편만 골라 먹는다.

계절

올해는 _____ 송편을 만들 계획이다.

_____ 송편, _____ 송편, _____ 송편!

모두 기대하시라!

- 내가 만들고 싶은 송편을 그림으로 그려 보세요.

다양한 그림을 그려 봐

동물 모양 송편은 어때? 꽃 모양 송편, 과일 모양 송편, 괴물 모양 송편 등을 그려 봐. 팥, 꿀, 초콜릿 등 송편 속에 들어가는 재료까지 상상하면 더욱 좋지. 새롭고 모양도 재미있으면, 송편이 더 맛있을 거야!

인물 사건 배경 지정 글쓰기

가을을 찍는 사진가, 다람이

나는 가을 사진을 찍는 다람쥐 사진가, 다람이야.
그런데 왜 가을에만 사진을 찍냐고?

_____

매년 겨울잠을 자기 전에 사진 전시회를 열고 있어.
이번 전시회의 주제는 '가을 나무, 가을 열매'이지.

앗, 저기 도토리나무가 보이네.
나는 쪼르르 달려가 _____
도토리나무 아래에는 _____
들쥐와 다람쥐, 새들도 _____
_____

어, 그런데 이게 뭐지?
툭! 툭툭! 툭툭툭툭!

• 아래 낱말을 활용해 보세요!

밤송이가 여물다 · 가을이 좋다 · 찰칵찰칵 · 울긋불긋하다 · 열매가 많다 · 폴짝폴짝 뛰어오르다 · 소나기처럼 쏟아지다 · 북적거리다 · 파티가 열리다

계절

도토리나무에서 _____
_____

나는 감나무로 쪼르르 달려가 _____
감나무는 _____
그때 감 하나가 흔들흔들하다가 툭 떨어져 버렸어.
감나무 아래에 _____

나는 은행나무로 쪼르르 달려가 _____
은행나무는 _____
으악, 갑자기 방귀 냄새가 풀풀!
토끼들이 _____

나는 뾰족뾰족 밤송이, 다닥다닥 대추나무를 모두 찍고 나서
사진 전시회를 열었어.
동물 친구들이 자기가 나온 사진을 보고 폴짝 뛰며 기뻐했지.
"하, 할 일을 다 했으니 겨울잠 자러 가야겠어."

주홍빛으로 물들다
입을 쩍 벌리다
깡충깡충 뛰어오다
대롱대롱 매달리다
엉덩이춤을 실룩실룩
냄새가 고릿하다
주렁주렁 탐스럽다
방귀를 뀌다

요리조리 이야기 바꾸기

《요술 항아리》는 농부가 밭을 갈다가 발견한 요술 항아리에 얽힌 이야기예요. 욕심쟁이 부자 영감이 잘못을 깨달을 수 있게 보기에서 골라 이야기를 바꿔 보세요.

옛날에 몹시 가난한 농부가 살았어요. 농부는 쉬지 않고 열심히 일해서 모은 돈으로 부자 영감에게서 땅을 샀어요. 못된 부자 영감은 농부한테 돌밭을 팔았지요. 농부는 울퉁불퉁 돌멩이를 골라내고 질긴 잡초를 뽑아 땅을 일구었어요. 어느 날 밭을 갈다가 무언가를 발견했어요.
"우아, _____"

☐ 아주 크고 우묵한 가마솥이네.
☐ 곡식을 빻거나 찧는 절구네.
☐ 숯을 담아 불을 쬐는 화로네.

이 신기한 _____(은/는) 무엇을 넣든지 똑같은 것이 튀어나왔어요.
짚신 한 짝을 넣으면 한 짝이 더 생기고, 돈 한 냥을 넣으면 두 냥이, 쌀 한 가마니를 넣으면 두 가마니가 되었지요.
요술 _____ 덕분에 큰 부자가 된 농부는 너무 기뻐서 _____

☐ 흔들흔들 개다리춤을 추었지요.
☐ 방귀를 뿡뿡 뀌었지요.
☐ 꺼이꺼이 울었지요.

계절

농부가 부자가 되었다는 소식에 못된 부자 영감이 찾아와,
_____(을/를) 돌려 달라고 아우성쳤어요.
농부는 하는 수 없이 부자 영감한테 _____(을/를) 주었어요.
부자 영감은 집 곳간까지 낑낑대며 _____(을/를) 들고 왔어요.
그러고는 피곤해서 곯아떨어졌지요.

드르렁드르렁 부자 영감이 코를 고는 사이,
곳간에 숨어 있던 _____가 나타났어요.
_____에 들어갔다 나왔다 수천 번 거듭했지요.

☐ 곡식을 갉아 먹는 쥐
☐ 똥 마려운 개
☐ 갈 곳을 잃은 도깨비

한참을 늘어지게 자고 일어난 부자 영감은
눈이 휘둥그레졌어요.
왜냐하면 _____

☐ 수천 마리의 쥐들이
집을 갉아 먹고 있었거든요.
☐ 수천 개의 개똥이 집 안에 가득했거든요.
☐ 수천 명의 도깨비들이
방망이를 휘두르고 있었거든요.

부자 영감은 욕심부린 것을 후회하며 뒤도 안 돌아보고 달아났답니다.

반짝반짝 네 컷 만화

나만의 아이디어로 네 컷 만화의 마지막 컷을 완성해 보세요.

- 아래 낱말을 활용해 보세요!

갈기   소나무
장식   근사하다
달다   데려가다

다양한 이야기를 꾸며 봐

그림 보고 이야기 만들기

그림을 보고 어떤 일이 벌어질지 상상하며 이야기를 만들어 보세요.

• 아래 낱말을 활용해 보세요!

빼꼼	쌩쌩
씽씽	야호
들리다	미끄러지다
안절부절못하다	어이없다
털다	희미하다

펑펑 눈이 왔어요. 강아지 삼 형제가 눈썰매를 들고 언덕을 올랐어요.
"다 준비됐지? 자, 출발!"
강아지들은 _____
신이 난 강아지들은 외쳤어요.
"_____"

형들은 언덕을 내려왔는데, 막내가 보이지 않았어요.
걱정이 된 형들은 _____
_____
그런데 그때 _____
그리고 눈덩이 속에서 _____
_____

엉뚱 발랄 3행시

'함박눈'으로 엉뚱하고 발랄한 3행시를 지어 보세요.

예시 낱말

| 함박웃음 함부로 | 박물관 박수 | 눈보라 눈치 |
| 함정 함께하다 | 박하사탕 박다 | 눈뜨다 눈부시다 |

함

박

눈

 3행시를 지어 봐

함부로 모기 물린 데를
박박 긁으면, 퉁퉁 붓고
눈물이 찔끔 날 만큼 아파요.

계절

예시 낱말
- 감기
- 크리스마스
- 타조알
- 기쁘다
- 대신하다
- 뜨개질하다
- 바쁘다
- 보들보들하다
- 올라타다

끝말 잇고 글쓰기

끝말잇기를 한 다음, 세 개의 낱말로 이야기를 만들어 보세요.

산○ ---> 타○
            ↓
         ○끼

다양한 이야기를 꾸며 봐

루돌프가 감기에 걸렸어요. **산타** 할아버지는 **타조**에게 루돌프를 대신해 달라고 부탁했지요. 타조가 긴 다리로 후다닥 뛰어다닌 덕분에 모든 아이들이 무사히 선물을 받았어요. 산타 할아버지는 고마워서 타조에게 예쁜 **조끼**를 선물했답니다.

일기 쓰기

날짜	년 월 일	날씨	
제목	우리 아빠는 산타 할아버지가 아니야!		

내 짝꿍은 정말 엉터리다.

산타 할아버지가 아빠라니, 정말 말도 안 된다.

어떻게 그럴 수가 있겠어? 흥!

산타 할아버지가 아빠가 아닌 이유가 있다.

첫째는 턱수염이 다르다.

산타 할아버지는 _____

우리 아빠는 _____

둘째는 타고 다니는 것이 다르다.

산타 할아버지는 _____

우리 아빠는 _____

비슷한 점은 딱 한 가지, _____

다른 점투성이에 비슷한 점은 하나뿐인 것이다.

계절

이번 크리스마스에는 산타 할아버지가 오실 때까지 기다릴 생각이다.

왜냐하면, _____

생각만 해도 _____

• 산타 할아버지와 아빠의 모습을 그린 다음 비교해 보세요.

산타 할아버지 | 아빠

다양한 그림을 그려 봐

먼저 산타 할아버지가 어떤 모습인지 떠올려 봐.
빨간 털옷에, 솜사탕처럼 부드러운 턱수염,
뚱뚱한 몸매, 선물 보따리, 루돌프가 끄는 멋진 썰매.
아빠와 다른 점을 강조해서 그리면 더 쉽게
비교할 수 있을 거야.

인물 사건 배경 지정 글쓰기

내 동생 눈사람

펑펑 눈이 쏟아지는 날이었어.

나는 후다닥 밖으로 나가 눈을 굴려서 눈사람을 만들었어.

알밤으로 눈, 호두로 코, 풀잎으로 입을 꾸며 주고

아끼는 빨간 모자와 목도리, 초록 장갑까지 선물했지.

그러고는 꼭 안아 주며 말했어.

"내 이름이 예서니까 네 이름은 예눈이야, 내 동생 예눈이."

모두 잠든 아주 깜깜한 밤이 되었지만, 나는 잠이 오지 않았어.

왜냐하면, _____

그래서 창문으로 예눈이를 지켜보는데,

예눈이가 _____

그러고는 나한테 다가오기 시작했어.

걸을 때마다 _____

_____

• 아래 낱말을 활용해 보세요!

걱정되다   눈을 마주치다   눈이 휘둥그레지다
뽀드득뽀드득   사박사박   눈발이 날리다   발자국을 남기다

계절

예눈이가 내 방 창문 앞까지 와서 나를 불렀어.
"언니, 같이 놀자!"
나는 _____
_____
우리는 함께 _____

"우리 눈썰매 탈까?"
내가 말하자 예눈이는 _____
그러고는 _____
갑자기 찬 바람이 횡횡 불었어.
나는 _____
예눈이는 내게 목도리를 풀어 주고는 의젓하게 집 앞까지 데려다주었어.
"잘 자, 언니."

나는 방에 들어와 푹 잠이 들었어.
아침에 일어났는데, 좋은 꿈을 꾼 것처럼 상쾌했지.
그런데 예눈이와 있었던 일은 꿈이 아니었어.
머리맡에 _____ 있지 뭐야!

외투를 걸치다	밖으로 향하다	눈밭을 구르다	
	쌓이다	여기저기	돌아다니다	뭉치다
눈싸움	훌쩍훌쩍	콧물	에취	목도리

101

낱말 지도

'감정'을 표현하는 여러 가지 낱말을 살펴보고, 질문에 맞는 낱말에 ○ 해 보세요.

- 놀이공원에 가면 어떤 감정이 드나요?

  감격스럽다 감동하다 경쾌하다
  기쁘다   벅차다   신나다
  유쾌하다   재미있다 좋다
  즐겁다   짜릿하다 행복하다

기쁨

- 보고 싶었던 친구를 만나면 어떤 감정이 드나요?

  멋지다   반갑다   반하다
  사랑스럽다 사이좋다 설레다
  소중하다   아름답다 애틋하다
  예쁘다   정답다   좋아하다

사랑

- 게임에서 이기면 어떤 감정이 드나요?

  당당하다   만족하다   뿌듯하다
  씩씩하다   자랑스럽다 자신 있다
  통쾌하다   홀가분하다 훌륭하다

자신감

- 엄마 품에 폭 안기면 어떤 감정이 드나요?

  그윽하다   든든하다 보드랍다
  아늑하다   안심되다 친근하다
  편안하다   평온하다 평화롭다
  포근하다   훈훈하다 흐뭇하다

편안함

감정

- 누가 내 장난감을 망가뜨린다면 어떤 감정이 들까요?

괴롭다	당황스럽다	불쾌하다	불편하다
불행하다	비참하다	속상하다	야속하다
어이없다	억울하다	짜증스럽다	화나다

- 가장 친한 친구가 전학을 간다면 어떤 감정이 들까요?

궁금하다	그립다	먹먹하다	목메다
서글프다	서럽다	슬프다	쓸쓸하다
안타깝다	외롭다	울적하다	허전하다

- 어두컴컴한 길을 혼자 간다면 어떤 감정이 들까요?

걱정스럽다	겁나다	긴장되다	놀라다
두렵다	떨리다	무섭다	불안하다
섬뜩하다	조마조마하다	철렁하다	초조하다

- 잘난 척하는 친구를 보면 어떤 감정이 드나요?

곤란하다	괘씸하다	답답하다
밉다	샘나다	신기하다
싫어하다	심술 나다	얄밉다

요리조리 이야기 바꾸기

《호랑이 배 속 구경》은 커다란 호랑이한테 잡아먹혔다가 살아 나온 용감한 소금 장수의 이야기예요. 호랑이에게 잡아먹힌 모든 사람들이 풀려날 수 있게 보기에서 골라 이야기를 바꿔 보세요.

어느 날, _____ 깊은 산속을 지나고 있었어.
집채만 한 호랑이가 나타나 _____(을/를) 꿀꺽 삼켰지 뭐야.

☐ 소문난 화가가   ☐ 풍물놀이를 하는 풍물패가   ☐ 힘센 씨름꾼들이

_____(은/는) 호랑이 배 속을 호롱불로 밝히고는 깜짝 놀랐어.
_____ 때문이지.

☐ 무시무시한 해골들로 가득했기   ☐ 겁먹은 사람들이 많았기   ☐ 깜깜한 동굴 같았기

감정

한참을 배 속에 있으려니, _____(은/는) 너무너무 심심했어.
그래서 - 시작했지.

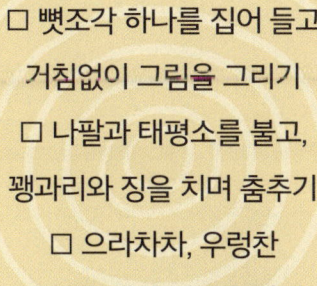
☐ 뼛조각 하나를 집어 들고 거침없이 그림을 그리기
☐ 나팔과 태평소를 불고, 꽹과리와 징을 치며 춤추기
☐ 으라차차, 우렁찬 소리를 내며 씨름을 하기

바깥에서 호랑이가 울부짖는 소리가 들렸어.
곧이어 호랑이 배 속이 출렁출렁 움직였지.

- -
- -

☐ 화가의 멋진 그림이 완성될수록 호랑이는
배 속이 쑤셔서 참을 수 없었거든.
☐ 풍물패가 신나게 놀수록 호랑이는 배 속이 쾅쾅 울렸거든.
☐ 씨름꾼들이 엎어 치기를 할 때마다
호랑이는 배에서 지진이 난 것 같았거든.

결국 호랑이는 끙끙 배에 힘을 줬어.
그러자 호랑이 똥으로 배 속의 모든 것이 와르르 쏟아져 나왔단다.

반짝반짝 네 컷 만화

나만의 아이디어로 네 컷 만화의 마지막 컷을 완성해 보세요.

- 아래 낱말을 활용해 보세요!

거꾸로　　　몰래
뻗다　　　　엿듣다
줄다리기하다　휘두르다

다양한 이야기를 꾸며 봐

그림 보고 이야기 만들기

그림을 보고 어떤 일이 벌어질지 상상하며 이야기를 만들어 보세요.

• 아래 낱말을 활용해 보세요!

깔깔	버럭
부끄럼	사랑
즐거움	글썽이다
노래하다	되찾다
떠오르다	찌푸리다

꼬마 마녀가 빗자루를 타고 날아 슬픔 마을에 도착했어요.
슬픔 마을 사람들은 행복한 기억이 사라지고 슬픔만 남았지요.
그래서 사람들은 _____
_____
꼬마 마녀는 슬픔 마을에 웃음 수프를 나누어 주기로 마음먹었어요.
커다란 냄비에 행복한 추억이 떠오르는 깃털 세 개,
_____, 미소 액체 네 방울,
_____, 웃음 코딱지 다섯 개를
넣고는 보글보글 끓여 웃음 수프를 완성했어요.
웃음 수프를 먹은 슬픔 마을 사람들은 _____
_____
꼬마 마녀는 다음번에는 _____ 마을로 가겠다고 다짐했지요.

엉뚱 발랄 3행시

'빙그레'로 엉뚱하고 발랄한 3행시를 지어 보세요.

예시 낱말
빙그르 빙빙	그네 그늘	레몬 레스토랑
빙수 빙하	그러나 그림자	레슬링 레시피

빙

그

레

 3행시를 지어 봐

빙수 빙수 팥빙수 한 숟가락 내 입으로 쏙!
그렁그렁 눈물이 날 만큼 맛있어.
레시피 좀 알려 줘!

끝말 잇고 글쓰기

끝말잇기를 한 다음, 세 개의 낱말로 이야기를 만들어 보세요.

예시 낱말
- 꼬물꼬물
- 등산
- 식목일
- 우리나라
- 활짝
- 부여잡다
- 쏜살같다
- 움직이다
- 파다

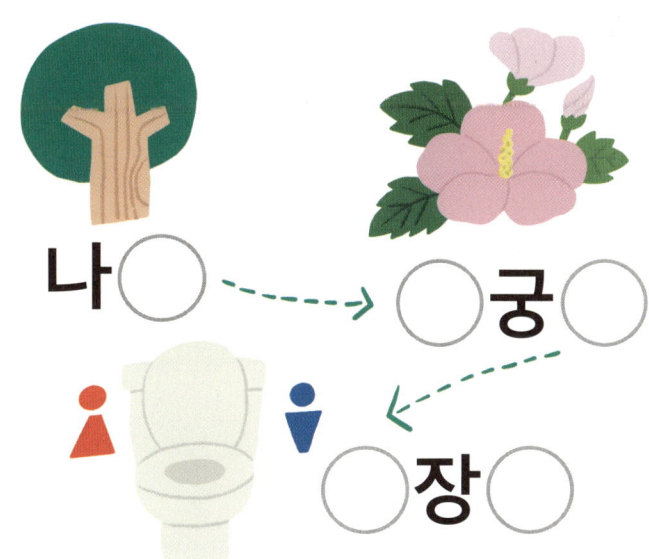

나○ → ○궁○
○장○ ←

___

다양한 이야기를 꾸며 봐

동네 아이들이 **나무** 아래 모두 모여
'**무궁화**꽃이 피었습니다' 놀이를 하고 있었지.
움직이면 안 되는데 한 아이가 꼬물꼬물, 움찔움찔
그러더니 큰 소리로 외쳤어.
"잠깐만, 똥 똥 똥! **화장실** 갔다 올게."
엉덩이 부여잡고 뛰는 모습에 모두 배꼽 잡고 깔깔!

감정

일기 쓰기

날짜	년 월 일 날씨 ☀ ⛅ ☂ ⛄
제목	기쁘고 또 기쁜 날

엊그제 학교에서 축구 시합을 했는데 우리 팀이 이겼다.

그래서 _____

게다가 집에 돌아왔더니 내가 정말 갖고 싶었던

축구공과 축구화가 책상 위에 떡하니 올려져 있었다.

나는 _____ 듯이 기분이 좋아서

_____

_____

곧장 엄마한테 달려가 _____

그리고 큰 소리로 말했다.

"엄마, _____"

다음 시합 날인 오늘 나는 새 축구공과 축구화를 가지고

친구들이 기다리고 있는 운동장으로 나갔다.

감정

자랑할 생각에 발걸음이 _____

오늘은 왠지 축구가 더 잘될 것 같았다.

왜냐하면 _____

- 도형을 이어 그리며 각각의 감정을 표현해 보세요.

기쁨

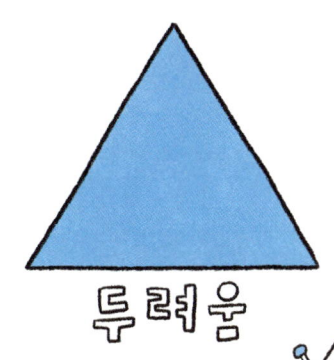
두려움

사랑

다양한 그림을 그려 봐

얼굴이 활짝 필 만큼 기쁜 감정을 꽃으로 표현할 수 있어. 두려움을 괴물로, 사랑을 우리 집 강아지로 표현할 수도 있지. 새로운 형태로 이어 그리기가 어렵다면 도형 안에 표정을 그려 감정을 표현해 봐. 더욱 확실하게 감정을 전달할 수 있을 거야.

인물 사건 배경 지정 글쓰기

토리의 생일날

아기 다람쥐 토리는 싱글벙글 웃으며 집을 나섰어요.
오늘은 토리의 열 번째 생일이거든요.
"친구들이 모두 내 생일을 축하해 줄 거야."
토리는 설레서 폴짝폴짝 뛰며 콧노래를 불렀어요.

토리는 아기 원숭이 숭숭이네 집으로 갔어요.
"숭숭아, 나랑 같이 놀자!"
하지만 숭숭이는 _____
"나 오늘 바빠! 왜냐하면 _____"

시무룩해진 토리는 아기 토끼 토순이네 집으로 갔어요.
"토순아, 나랑 놀자!"
하지만 토순이도 _____
"나 오늘 바빠! 왜냐하면 _____"

• 아래 낱말을 활용해 보세요!

고개를 절레절레
거절하다
밤
도토리

반죽하다
빵을 굽다

크림을 바르다
장식하다

감정

토리는 터덜터덜 아기 코끼리 코코네 집으로 갔지요.

"코코야, 나랑 놀자!"

"나 오늘 바빠! 왜냐하면 _____"

토리는 고개를 푹 숙이고 놀이터로 가서 혼자 그네를 탔어요.

외롭고 슬퍼서 _____

친구들에게 서운하기도 했어요.

_____ 때문이지요.

그때 어디선가 노랫소리가 들려왔어요.

"_____"

고개를 들었더니, _____

친구들이 일부러 _____

놀란 나머지 토리는 _____

토리와 친구들은 _____

눈물이 찔끔　　　기대하다　　　　　　　　　　모르는 척하다
몰래 준비하다　　　　　듬뿍　　파티하다　화려한 케이크　어안이 벙벙하다
　　　　　　　　　　　　　　　　　　　　　　　촛불을 켜다

# 요리조리 이야기 바꾸기

《개구리 왕자》는 황금 공을 찾아 준 개구리와의 약속을 억지로 지킨 공주의 이야기예요. 공주가 약속의 중요함을 깨달을 수 있게 보기에서 골라 이야기를 바꿔 보세요.

옛날 어느 나라에 공주가 살고 있었어요. 하루는 공주가 숲속에서 아끼는 황금 공을 갖고 놀다가 그만 연못에 빠뜨렸어요. 공주는 어쩔 줄 몰라 하며 펑펑 울고 있었지요.
그때, _____ 공주 앞에 나타났어요.

- ☐ 몸이 매끈하고 납작한 도롱뇽이
- ☐ 부드러운 등딱지를 가진 자라가
- ☐ 몸빛이 바뀌는 카멜레온이

공주는 _____에게 황금 공을 찾아 주면 원하는 것은 무엇이든지 다 들어주겠다고 했지요.
그러자 _____(은/는) 말했어요.
"_____ 주세요."

- ☐ 저를 공주님 머리에 올리고 항상 함께해
- ☐ 저를 꼭 안고 매일 사랑한다고 말해
- ☐ 저랑 매일 숨바꼭질 놀이해

공주는 급한 마음에 그러겠다고 약속했지요.

잠시 후, _____(은/는) 황금 공을 찾아서 공주한테 건넸어요.

하지만 공주는 공만 가지고 후닥닥 궁전으로 가 버렸지요.

궁전으로 돌아온 공주는 내내 마음이 좋지 않았어요.

왜냐하면 _____

그래서 결국 _____(을/를) 궁전으로 데려왔어요.

공주는 _____(와/과) 함께 먹고, 자고, 노는 것이 끔찍했어요.

너무 징그러워서 함께 있는 것이 힘들었거든요.

그날부터 공주는 일부러 _____

☐ 머리를 안 감고 벅벅 긁었어요.   ☐ 못된 말을 내뱉었어요.   ☐ 위험한 곳에 숨었어요.

그러다 보면 _____고 생각했지요.

_____(은/는) 공주의 행동에 깜짝 놀라

허겁지겁 달아나다 벽에 쾅 부딪혔어요.

그런데 이게 어떻게 된 일일까요?

_____(이/가) 멋진 왕자로 변했지 뭐예요.

공주가 후회하며 왕자한테 다가갔지만,

왕자는 서둘러 이렇게 외치고는 영영 도망갔답니다.

" _____ "

반짝반짝 네 컷 만화

나만의 아이디어로 네 컷 만화의 마지막 컷을 완성해 보세요.

- 아래 낱말을 활용해 보세요!

  공룡　　　귀신
  이웃 마을　정체
  장난치다　쫓아오다

그림 보고 이야기 만들기

그림을 보고 어떤 일이 벌어질지 상상해 보고 이야기를 만들어 보세요.

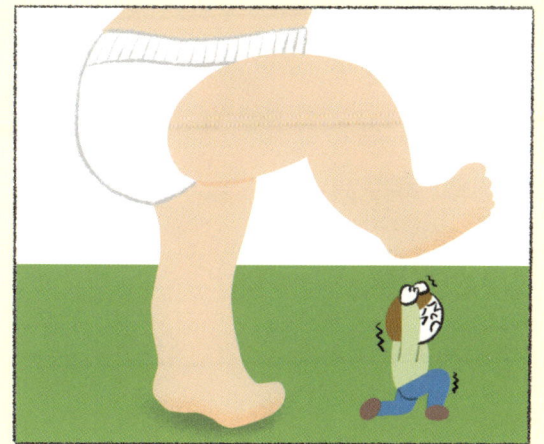

• 아래 낱말을 활용해 보세요!

두근두근	부들부들
심장	돌아다니다
만지다	비비대다
움켜쥐다	줄어들다
짓밟다	핥다

으악! 이게 어찌 된 일이지? 내 동생이 거인이 되어 버렸어.
나보다 100배는 커진 동생은 _____
_____
너무 무서워서 식탁 아래에 숨었는데, 쿵쿵 내 쪽으로 다가오는 발소리가 들렸어.
나는 _____
동생이 나를 찾아내고는 방긋 웃으며 "까꿍!" 하지 뭐야!
그러고는 나를 _____
내가 벌벌 떨자 동생은 갑자기 울음을 터뜨렸어.
나는 서둘러 동생이 떨어뜨린 거대한 젖병에 대용량 분유를 담아 줬어.
동생은 젖병을 물더니, _____
와, 다행이다. 역시 거인 동생보다는 작은 동생이 좋아!

엉뚱 발랄 3행시

'화들짝'으로 엉뚱하고 발랄한 3행시를 지어 보세요.

| 예시 낱말 | 화가 화요일
화려하다 화목하다 | 들썩들썩 들판
들뜨다 들락거리다 | 짝꿍 짝사랑
짝짝이 짝짓다 |

화

들

짝

 3행시를 지어 봐

화내지 말고 잘 들어 봐. 내 마음이
들통난 것 같으니까 솔직하게 말할게.
짝꿍아, 오늘 숙제 좀 보여 줘.

끝말 잇고 글쓰기

끝말잇기를 한 다음, 세 개의 낱말로 이야기를 만들어 보세요.

예시 낱말
- 깜빡깜빡
- 동서남북
- 원숭이
- 탐험대
- 가리키다
- 달콤하다
- 밝히다
- 샛노랗다
- 정확하다

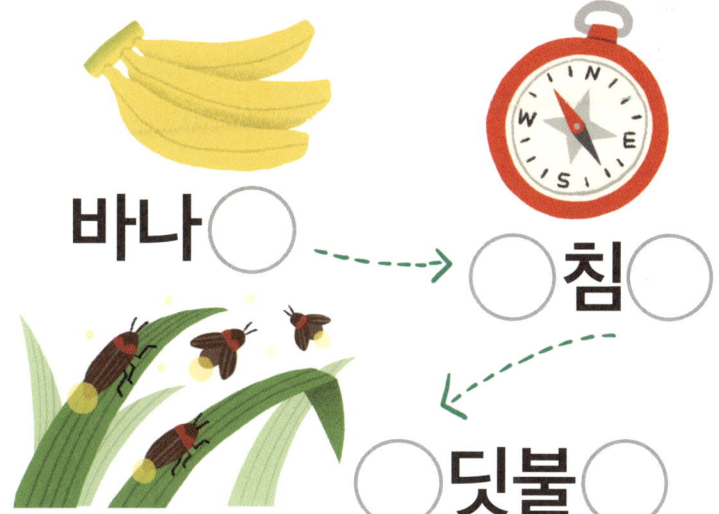

바나○ → ○침○
○딧불○

다양한 이야기를 꾸며 봐

원숭이 탐험대는 며칠째 아무것도 먹지 못하고 길을 헤맸다.
"분명히 이 근처에 **바나나**가 있을 거야."
나침반이 가리키는 남쪽을 따라 걸었다.
밤이 되자, **반딧불이**가 길을 밝혀 주었다.
어느새 탐험대의 눈앞에 바나나 숲이 펼쳐져 있었다.

일기 쓰기

날짜	년 월 일	날씨	
제목	귀여운 아기 고양이!		

가족들과 공원에 놀러 갔다.

한참 동안 꽃을 들여다보고 있는데, 갑자기 _____

수풀 속에서 무엇인가가 부스럭거린 것이다.

무서운 생각이 확 들어서 온몸에 소름이 돋고,

_____

그 소리의 범인이 쥐라면 나는 이렇게 행동했을 것이다.

_____

또 만약 괴물이라면 나는 이렇게 행동했을 것이다.

_____

한 발짝 한 발짝 뒷걸음질 치는데,

수풀 속에서 작고 귀여운 아기 고양이들이 얼굴을 내밀었다.

그것도 자그마치 일곱 마리나 있었다. 모두 무늬가 조금씩 달랐다.

그런데 야옹야옹 울음소리가 불쌍하게 들렸다.

왜냐하면, _____

내가 아기 고양이들을 위해 할 수 있는 것을 생각하다가 결심했다.

_____ 하기로!

- 고양이들에게 각각 다른 무늬를 그리고, 어울리는 이름도 지어 보세요.

사랑이

수박처럼 초록색 털에 까만색 줄무늬 고양이도 귀여울 거야. 점무늬, 체크무늬, 꽃무늬, 소용돌이무늬 등 세상에는 없지만 재미있고 사랑스러운 고양이를 그려 봐! 이름을 지을 때는 각 고양이의 특징을 잘 살리는 것도 잊지 마!

인물 사건 배경 지정 글쓰기

용감한 음치 꾀꼬리

꾀꼬리 마을에 사는 꾀꼬리들은 모두 아름답게 노래를 부른다.
나만 빼고 말이다. 나는 꾀꼬리 마을에 하나뿐인 음치 꾀꼬리이다.
"꽥꼴 꽥꼬르르르!"
내가 노래만 하면, 친구들은 모두 귀를 막고 슬슬 도망간다.

오늘도 꾀꼬리 마을에는 아름다운 노랫소리가 울려 퍼졌다.
그때 갑자기 커다란 새장을 든 사냥꾼이 나타났다.
겁에 질린 친구들은 _____
사냥꾼은 친구들을 _____
나무 구멍에 숨은 나는 _____

꾀꼬리를 모조리 잡아들인 사냥꾼은
트럭에 새장을 가득 실었다.
나는 친구들을 위해서 용기를 내기로 했다.
마음속으로 수십, 수백 번을 외쳤다.

• 아래 낱말을 활용해 보세요!

얼어붙다   울부짖다   덫   가두다   지켜보다   숨죽이다
할 수 있다   두려움이 없다   부글부글 끓다   용서 못 하다

감정

'_____,'

나는 힘차게 날갯짓을 하며 노래를 불렀다.

첫 번째 노래의 노랫말에는 화가 난 내 감정을 고스란히 담았다.

"_____"

내 노래를 들은 사냥꾼은 _____

"으악, 시끄러워! 귀가 아프니까 그만해!"

두 번째 노래의 노랫말에는 친구들을 잃은 슬픈 감정을 담았다.

"_____"

사냥꾼은 _____

사냥꾼이 떠나고 나는 새장을 열어 친구들을 풀어 주었다.

친구들은 나에게 "_____"라고 말했다.

듣기 싫은 내 노래가 위험할 때 도움이 됐다니, 정말 뿌듯했다.

그 뒤로 나는 아침마다 활기찬 노랫말로 친구들을 깨웠다.

"_____"

그러면 친구들은 이렇게 말했다.

"_____"

불쾌한 손님   틀어막다   쓸쓸하다   부리나케   맨몸으로   달아나다
칭찬하다   씩씩하다   벌떡 일어나다   알람 시계

요리조리 이야기 바꾸기

《고양이 목에 방울 달기》는 생쥐들이 고양이 목에 방울을 달아 고양이를 피하자고 의견을 모으지만, 누구도 선뜻 나서지 못하는 이야기예요.
생쥐들이 방울을 달 수 있게 보기에서 골라 이야기를 바꿔 보세요.

생쥐들은 시도 때도 없이 나타나는 심술쟁이 고양이 때문에 늘 불안했어요.
그래서 고양이한테 방울을 달아 소리가 들리면 피하기로 했지요.
그 전에 생쥐들은 힘을 합쳐 고양이를 골탕 먹이기로 했어요.

☐ 그물 던지기
☐ 털실로 꽁꽁 묶기
☐ 호스로 물 뿌리기

1단계 작전은 고양이가 낮잠을 잘 때
_____였어요.
생쥐들은 살금살금 다가가다 깜짝 놀라 급하게 쥐구멍으로 되돌아갔어요.
고양이가 갑자기 _____ 때문이에요.

☐ 눈을 번쩍 떴기
☐ 물고기 먹는 꿈을 꾸며 입맛을 다셨기
☐ 몸을 뒤집어 자세를 바꾸었기

감정

생쥐들은 숨을 몰아쉬고는 다시 살금살금 다가가서
1단계 작전을 성공했어요.

봉변을 당한 고양이는 화가 나서 털을 곤두세우며 말했지요.
"_____"
고양이가 날카로운 발톱을 드러내며 생쥐들한테 달려들자,
생쥐들은 주인집을 엉망으로 만드는 2단계 작전을 펼쳤어요.

가장 빠른 생쥐들이 이리저리 뛰어다녔고, 고양이는 생쥐를 쫓다가

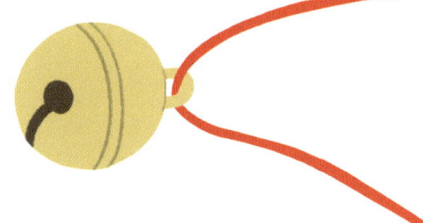

☐ 주인이 아끼는 접시들을 몽땅 깨뜨렸어요.
☐ 무서운 사냥개와 마주쳤어요.
☐ 식탁에 있던 과일과 음식을 모두 떨어뜨렸어요.

마지막 3단계 작전은
바로 _____ 였어요.

☐ 후추 뿌리기
☐ 쥐덫에 꼬리 걸리게 하기
☐ 시끄럽게 찍찍 울기

그 바람에 고양이는 _____
생쥐들이 쥐구멍에 숨자, 끝까지 쫓아온 고양이는 머리를 쥐구멍에 억지로
넣다가 꼭 끼고 말았어요. 생쥐들은 그사이 고양이 목에 방울을 달았지요.
그 뒤로 고양이는 _____

125

반짝반짝 네 컷 만화

나만의 아이디어로 네 컷 만화의 마지막 컷을 완성해 보세요.

1컷: 포도가 주렁주렁 열렸어요. 여우가 아무리 팔을 뻗어도 손이 닿지 않았지요.

2컷: 나무를 타기에는 귀찮았던 여우는 입을 벌리고 누워 포도가 떨어지기만을 기다렸어요.
"아, 맛있겠다. 제발 떨어져라!"

3컷: 그런데 깜빡 잠이 든 사이 포도송이가 전부 없어졌어요! 포도송이는 어디로 갔을까요?

4컷: (빈 칸)

예시: 영차영차, 줄줄이 나무에 오른 개미들이 몽땅 가져간 것이었어요.

- 아래 낱말을 활용해 보세요!

과수원 주인   몽땅
바구니   캥거루
펄쩍펄쩍   뛰어오르다

다양한 이야기를 꾸며 봐

감정

그림 보고 이야기 만들기

그림을 보고 어떤 일이 벌어질지 상상하며 이야기를 만들어 보세요.

• 아래 낱말을 활용해 보세요!

꼬치	요술
핫도그	굵적이다
달아오르다	변명하다
붉으락푸르락하다	사과하다
찡그리다	훌쩍이다

"아, 맛있겠다."
먹보 통통이가 한 손에는 아이스크림을, 다른 한 손에는
_____(을/를) 들고 활짝 웃었어요.
그런데 눈 깜짝할 사이에 아이스크림도 _____도 없어졌어요.
화가 난 통통이는 _____
_____

"먹깨비, 빨리 나와!"
통통이가 소리치자, 먹보 도깨비 먹깨비가 헤헤거리며 나타났지요.
"_____ 내가 더 맛있는 거 줄게."
먹깨비는 _____
_____
그제서야 통통이는 사르르 화가 풀렸어요.

127

엉뚱 발랄 3행시

'왈카닥'으로 엉뚱하고 발랄한 3행시를 지어 보세요.

예시 낱말
| 왈츠 왈카닥 | 카네이션 카랑카랑 | 닥나무 닥스훈트 |
| 왈캉달캉 왈왈대다 | 카레 카메라 | 닥지닥지 닥치다 |

왈

카

닥

 3행시를 지어 봐

왈카닥, 동생 방문을 열었는데
카드가 한 장 놓여 있네.
궁금해서 펼쳐 봤더니
'**닥**스훈트 키우도록 허락해 주세요, 엄마.'

끝말 잇고 글쓰기

예시 낱말
- 그물
- 냉장고
- 매운탕
- 물고기
- 끓이다
- 달려들다
- 무시무시하다
- 요리하다
- 잡다

끝말잇기를 한 다음, 세 개의 낱말로 이야기를 만들어 보세요.

상○ → 어○ → ○억

다양한 이야기를 꾸며 봐

상어만큼 커다란 물고기가 잡고 싶었다.
하지만 오늘도 **어부**는 작은 물고기 세 마리밖에 못 잡고 집으로 돌아왔다.
어부는 **부엌**에서 보글보글 매운탕을 끓였다.
세 식구가 모여 물고기를 한 마리씩 나눠 먹었다.
어부가 말했다.
"물고기는 작아도, 오손도손 나눠 먹으니 맛은 좋네!"

날짜	년 월 일	날씨	☀️ ⛅ ☔ ⛄
제목	내 마음속 심술쟁이		

오늘 친구네서 보드게임을 하는데 친구가 반칙을 했다.

나는 화가 나서 인사도 안 하고 씩씩거리며 집에 와 버렸다.

그런데 이상한 건, 내 마음이 _____

요즘 내 마음속에 심술쟁이 버럭이가 있는 것 같다.

왜냐하면 _____ 때도,

_____ 때도,

_____ 때도

화가 나기 때문이다.

심술쟁이 버럭이가 튀어나올 때마다

나는 무서운 킹콩으로 변한다.

내가 킹콩으로 변하면 _____

_____

내일은 꼭 친구한테 내 마음을 솔직하게 말할 것이다.

우선, _____ 때문에 화가 났고,

_____ 것은 미안하다고.

그리고 앞으로 더 사이좋게 지내자고 말해야겠다.

- 마음속 심술쟁이 버럭이 캐릭터를 그려 보세요.

버럭이는 화를 잘 낼 테니 얼굴이 붉으락푸르락하고, 콧김이 씩씩 날지도 몰라. 입을 크게 벌려 소리를 지르는 것처럼 그려도 재밌을 거야.
화가 났을 때 나타나는 다양한 표정과 몸짓을 강조하면 매력 있는 캐릭터를 완성할 수 있어.

인물 사건 배경 지정 글쓰기

마음을 풀어 주는 악어 요리사

깊은 숲속 마을에 요리로 화를 사르르 풀어 주는 악어 요리사가 살았어.
손님들의 마음을 듣다 보면 화를 풀어 줄 레시피가 번뜩 떠올랐지.
식당을 찾는 손님들은 씩씩대며 들어왔다가 웃으면서 돌아갔어.

오늘의 첫 손님은 _____ 토끼야!
"어서 오세요, 손님! 왜 화가 났나요?"
토끼는 열을 내며 대답했어.
"
_____
"
악어 요리사는 _____ 맛이 나는 _____ 요리가 떠올랐어.
"많이 속상하겠네요. 음식이 나올 동안 그림을 그려 보세요!"
토끼는 그림을 그리다가
악어 요리사의 _____(을/를) 먹고는 화가 싹 풀렸지.

이번에는 코끼리 손님이 찾아왔어!
화가 난 코끼리가 뿌 하고 울어 대서 숲속 마을이 들썩들썩할 정도였지.

• 아래 낱말을 활용해 보세요!

빨갛게 달아오르다
혼나다 다투다

친구 부모님 라이벌
고소한 야채수프
당근케이크

감정

"_____ 때문에 너무 화가 나요!"

악어 요리사는 코끼리한테 가만가만 다가가서 _____

그러자 코끼리의 뜨거운 마음을 가라앉힐

_____ 요리가 떠올랐지.

"크게 숨을 내쉬어 봐요. 후! 음식이 나올 동안 동화책을 읽어 보세요!"

코끼리는 동화책을 읽다가

악어 요리사의 _____(을/를) 먹고는 마음이 차분해졌어.

마지막 손님은 나무늘보였어.

"_____ 때문에 속상해요!"

악어 요리사는 나무늘보의 마음을 달래 줄

_____ 요리가 떠올랐어.

"숫자를 세며 음식을 기다려 보세요. 도움이 될 거예요."

나무늘보는 느릿느릿 숫자를 세다가 _____

악어 요리사가 맛있는 _____(을/를) 준비했지만,

_____

그래서 악어 요리사는 나무늘보한테 따뜻한 이불을 덮어 주고는

조용히 식당 문을 닫았대.

토닥이다
냉면   아이스크림

샐러드
바나나 셔벗
꿈쩍하지 않다
깊은 잠

놀리다   잘난 척하다
잠들다   아보카도 샌드위치

133

글 **이윤진**

경희 대학교에서 아동학을 공부하고, 출판사에서 오랫동안 어린이책을 만들었습니다.
재미있는 상상과 소소한 행복, 알찬 정보를 담은 이야기를 아이들한테 들려주고 싶어서 글을 쓰고 있습니다.
지은 책으로는 《장날》, 《도대체 뭐라고 말하지? 일기 쓸 때 자꾸 틀리는 맞춤법》, 《2호의 섭섭 일기》,
《행복 구덩이》, 《베른하르트 가족, 자동차 타고 동물원 가다》 등이 있습니다.

그림 **안상정**

한양 대학교에서 금속 디자인을 공부한 뒤 일러스트레이터로 활동하며 각종 팬시상품, 사보, 학습지,
단행본 등을 작업했습니다. 현재는 아이들의 시선으로 세상을 바라보고, 아이와 함께 성장하며 그림의 주제와
표현의 지평을 넓히고 있습니다. 그린 책으로는 《나를 지키는 열두 가지 말》, 《떴다! 지식 탐험대: 지층과 화석》,
《감정, 정말 다스리기 어려운 걸까?》 등이 있습니다.

초등 문해력 술술 써지는
글쓰기 자신감

초판 1쇄 발행 2022년 4월 30일
글 이윤진 | 그림 안상정
발행인 오형석
편집장 이미현 | **편집** 정수경 신지원 김예린 | **디자인** 이현주 이규형
발행처 ㈜계림북스
신고번호 제2012-000204호 | **등록일자** 2000년 5월 22일
주소 서울시 마포구 창전로 74 여촌빌딩 3층
대표전화 (02)-7079-900 | **팩스** (02)-7079-956
도서문의 (02)-7079-913
홈페이지 www.kyelimbook.com

ⓒ계림북스, 2022
이 책에 실린 글과 그림, 사진의 무단 전재나 복제를 금합니다.